아이들에게 배우는 선생님
그래서 행복한 아이들

아이들에게 배우는 선생님 그래서 행복한 아이들

박부숙 저

동문사

프롤로그

꿈을 가진 우리에게

길을 가다가 아장아장 걷는 아이를 보고 나도 모르게 웃음 지으며 잠시 멈춘다. 지금 나의 길이 천직이라고 여기며 여기까지 오게 된 것은 아마도 이런 사랑스러운 아이들 때문일 것이다. 유아교육을 배우며 아이들과 함께하는 시간을 꿈꾸었고, 나의 적성과 재능을 찾았다. 부족한 부분은 열심히 노력했고, 최선을 다하는 만큼 재미가 있었다. 재미있게 즐기는 순간 바라는 것들이 이루어졌다.

유아교사를 하면서 학업을 병행하는 것은 쉽지 않았지만, 현장경험을 하면서 공부를 한다는 것은 의미 있는 일이었다. 현장에 근무하면서 늘 부족하다고 느꼈고, 계속 변화하는 유아교육에 맞춰가는 것은 배움뿐이라고 여겼기 때문에 '배움 중독'이라는 말을 들으면서까지 학업을 이어왔다.

배움은 나에게 많은 기회를 주었다. 재직했던 유치원의 물건을 기증받아 어린이집을 운영하게 되었고, 운영했던 경험으로 대학교 강의를 시작하게 되었다. 내가 배움을 이어오지 않았다면 이런 기회를 갖지 못했을 것이다. 유아교사와 학생, 가족의 일원으로 살아온 것은 쉽지 않은 일이었지만, 나는 감히 교사들에게 잘할 수 있다고 말하고 싶다. 유아교사의 길을 포기하지 말라고 말이다.

대학원 수업시간에 교수님은 "유아교사는 뇌가 다르다. 아무나 할 수 없는 하늘이 내린 직업이다."라고 했다. 그만큼 유아교사는 어렵고 힘들지만 사명감과 보람을 가질 수 있는 직업인 것이다.

그동안 유아교사들을 상담하며 그들의 어렵고 힘듦을 함께 하였다. 유아교사들은 나라 정책에 흔들리고, 학부모들의 민원에 화가 나고, 계속되는 아이들의 문제행동, 대인관계의 어려움, 아동 학대와 관련한 사회인식의 부정적 이미지, 자신의 가정 문제까지 하루도 바람 잘 날이 없다고 한다. 그리고 말끝에 교사의 길을 계속 가야하는지 묻는다. 나는 'YES'이다. 나도 교사로서 같은 경험을 했고, 그런 시간이 있었기에 지금의 내가 있는 것이라고 위로한다. 지금도 잘하고 있다고 격려를 아끼지 않는다.

훌륭한 유아교사가 되기 위해서 학업에 열정을 다하는 학생들과 동고동락하는 것은 나에게 행복한 시간이다. 그들에게 나의 경험을 글로 남겨서 희망을 주고 싶었다. 또한 일과 가정을 지키려는 워킹맘들에게도 용기를 주고 싶다. 글을 쓰면서 교사이자 엄마로서 너무나 부족했던

나였기에 반성과 질책을 했다. 엄마가 교사이기 때문에 모범생의 틀에서 자라야 했던 아들들에게 미안하고, 그럼에도 불구하고 멋지게 자라는 현준이와 호준이에게 감사하는 시간이었다.

지난 시간의 추억을 글로 엮으며 내게 보이지 않던 것이 아이들을 통해서 보였다. '삶의 속도를 다르게 하니 모든 게 달리 보인다.'라는 말을 글을 쓰면서 실감한 것이다. '아이들에게 배우는 어른들이 있기에 아이들도 행복하지 않을까?' 아이들에게 배우려는 마음을 가진 부모와 선생님은 아이들을 배려하고 존중한다. 존중받는 아이들은 다른 사람도 배려할 줄 알고 자기 자신도 행복하다고 느낀다. 나의 생각을 조금 바꾼 것뿐인데 아이들의 행복한 모습에 나도 행복하다. 아무리 4차 산업혁명 시대라고 하여도 사람의 마음을 움직이는 것은 사람이다.

'이야기 하나, 참재미이야기'는 어린이집의 좌충우돌 개구쟁이 이야기를 담았고, '이야기 둘, 아이들도 나도 성장 중'은 유아교사로서 아이들과 함께 지내며 서로 성장한 이야기를 담았다. '이야기 셋, 일인다역 슈퍼우먼'은 교사와 엄마를 병행하며 워킹맘으로서 아이와 함께 성장하는 과정을 그렸다. 마지막으로 '이야기 넷, 지금처럼'은 지금 내가 경험하는 모든 것이 배움의 연속임을 이야기하였다.

유치원교사, 어린이집 원장, 예비유아교사의 선생님과 두 아이의 엄마로서 일인다역을 하며 하루도 쉼 없이 25년을 달려왔다. 힘들고 어려움도 많았지만 나에게 많은 가르침을 준 아이들 때문에 행복했고, 지금도 아이들의 기운으로 행복하게 살아가고 있다. 『아이들에게 배우는 선생님 그래서 행복한 아이들』의 이야기가 삶의 에너지가 되어 모두에게 행복함으로 남기를 바란다.

글을 엮어 갈 수 있게 도와 준 예쁜 아이들과 지인들, 글의 주제를 함께 생각해 주고 응원해 준 남편과 두 아들에게 고마움을 표한다. 또한 출판사의 이윤을 생각하지 않고 원고를 받아 준 동문사 임직원 여러분께 진심으로 감사함을 전한다.

2018년 2월

박부숙

차 례

이야기 하나 • 참재미이야기

이야기 둘 · 아이들도 나도 성장 중

이야기 셋 · 일인다역 슈퍼우먼

이야기 넷 • 지금처럼

이야기 하나

참재미이야기

눈물 뚝뚝 첫 만남

3월 2일, 입학식 첫 날.

아침 일찍 달님반 선생님한테 전화가 왔다.

"원장님! 오늘 제 아이 초등학교 입학식인데 잠깐 들렸다가 가도 될까요? 말씀 안 드리려다 초등학교 입학식에 안가면 후회할 것 같아서 전화 드려봅니다." 나는 원장으로서 당황스러웠다. 어린이집도 등원 첫날인데 담임교사가 늦는다면 아이들은 물론이고 엄마들도 당황할 것이다.

그런데 머뭇거리다가 나도 모르게,

"선생님, 그럼 빨리 오셔야 해요."하고 전화를 끊었다. 10시가 되자 약속이라도 한 듯 교실로 달님반 아이들이 들어왔다. 달님반 아이들을 내가 책임져야 하는 상황이 되었다.

어린이집 교사를 하면서 가장 힘든 때는 신입 원아들이 어린이집에 처음 입학하는 3월이다. 집에서 가족과 함께 지내다가 낯선 환경에 적응해야 하기 때문이다. 어린이집은 재미있는 곳이고, 엄마는 없지만 선생님이 있으니 괜찮다는 메시지를 아이에게 끊임없이 보내야 한다.

"나는 엄마 선생님이야." 하지만 아이들에게 돌아오는 대답은 엄마를 찾는 애타는 울음뿐이다.

달님반은 4세 아이들로 엄마를 찾아 소리를 지르며 울고불고, 얼굴은 눈물과 콧물로 세수한 듯 물 범벅에 정신이 하나도 없다. 나는 본격적으로 달님반에 자리를 잡고 앉을 수밖에 없었다.

한 명은 안고, 한 명은 뒤로 업고 달랬다. 「아기 돼지 삼형제」 동화를 들려주었더니 조금씩 울음을 그쳤다. 하지만 이야기가 끝나자마자 또 울기 시작한다. 업어도 안 되면 안고 흔들어야 하는 상황이다. 울음이 조금 잦아들면 노래도 불러주고, 장난감을 손에 쥐어 주며 함께 놀았다.

잘 놀다가도 엄마 생각이 나면 또 한 번 대성통곡 울음을 터트린다. 울음은 도미노처럼 서로에게 전달되어 눈물바다가 된다. 한 시간쯤 지나 드디어 달님반 선생님이 왔다. 안심이 되기도 잠시 아이들은 "누구야?" 하며 또 다른 선생님의 낯선 상황에 목 놓아 울기 시작했다.

아이들의 마음은 이랬다저랬다 정말 모르겠다. 로렌츠(Lorenz)는 어미 오리가 낳은 알을 둘로 나누어서 한쪽 알들은 어미 오리가 부화하게 하고, 다른 쪽은 로렌츠 자신이 직접 부화를 시켰다. 그 결과 로렌츠가 부화시킨 천둥오리 새끼들은 그를 어미 따르듯이 졸졸 따라다니는 행동을 보였다. 로렌츠는 새끼 오리가 어미 오리를 따르는 것을 각인이라 명명했다. 달님반 아이들의 각인 현상일까? 로렌츠의 각인 현상을 생각나게 하는 하루다.

어린이집에 처음 와서 마주친 선생님에게 마음을 모두 준 달님반 아이들 사랑스럽다. 그 모습에 당황스러워하는 달님반 선생님도 사랑스럽다. 며칠 지나면 달님반 선생님을 더 좋아할 것이라는 것을 알기에 더욱 사랑스럽고 예쁘다. 그해 나는 달님반 아이들과 무척 친했다. 첫 만남이 그렇게 중요한 줄 몰랐다.

나도 내 아이 입학식과 졸업식에 참석하지 못했다. 달님반 선생님도 아이의 초등학교 입학식에 못 간 것이 두고두고 마음에 남을까봐 나도 모르게 "선생님, 그럼 빨리 오셔야 해요."라고 했나 보다.

지금 생각하면 있을 수 없는 일이지만 내가 믿고 맡기는 만큼 선생님은 책임감이 강했고, 아이들을 사랑했다. 달님반 선생님과 어린이집의 막을 내리는 날까지 함께 하며 울고 웃는 하루하루를 보냈다.

선생님은 내게 영원한 달님반 선생님이셔요.
오래 함께 했던 시간을 추억합니다.
사랑합니다!

삼겹살을 먹어야 하는 이유

입학식을 시작으로 아이들과 전쟁 같은 일주일을 보냈다. 한 명이 울면 연달아 따라 우는 아이들이다.

"으앙 엄마 보고 싶어. 엄마한테 갈래."

"엄마 언제 와요? 빨리 엄마에게 보내줘요."

"앙, 나도 엄마 보고 싶단 말이야."

'어떻게 하면 울지 않을까?' 아이들을 안아주고 업어주었더니 팔도 아프고, 허리도 아프고, 목도 쉬었다. 달래도 달래도 아이들은 끊임없이 울고 보챈다.

아이들은 뱃속에서부터 엄마가 경험하는 모든 것을 함께 하고 느낀다. 나도 결혼을 하고 유치원교사를 하며 임신을 했기 때문에 혹시 아이가 힘들지 않을까? 노심초사하며 뱃속의 아이에게 애틋했다. 10개월 동안 매일 아이에게 편지를 쓰듯 육아일기를 쓰면서 기쁜 일, 슬픈 일, 화나는 일, 힘든 일을 함께 했으니 끈끈한 정이 들 수밖에 없다.

태어나자마자 울음보가 터졌지만 엄마의 친숙한 목소리에 아기는 울음을 그친다. 잠을 자다가도 배가 고프면 울고,

자연스럽게 엄마의 가슴을 파고들며 젖을 빤다. 온기와 배고픔이 어느 정도 채워지면 곤히 잠이 든다. 잠이 들었다가도 엄마의 뒤척임에 잠이 깨면 울고 만다. 자다가 벼락같은 아기 울음소리에 잠이 깬 엄마는 아이를 다시 재운다.

"자장자장 우리 아가, 잘도 잔다 우리 아가."

가족들은 돌아가며 아기를 안고 자장가를 불러주다 팔이 아프면 등에 업고 몸을 흔든다. 겨우 잠을 재워 바닥에 놓으면 또 자지러지게 운다. 이렇게 100일을 보낸다. 이렇게 정든 가족과 헤어져 어린이집에 온다는 것이 아이들에겐 큰 슬픔일 수밖에 없다.

아이만 슬프고 헤어지기 싫은 건 아니다. 엄마 역시 마찬가지이다. 맞벌이하는 엄마의 마음은 더할 것이다. 아이가 울거나 아파서 어린이집에서 전화가 오면 바로 어린이집으로 데리러 올 수 없어서 불안하기만 하다.

'밥은 잘 먹는지?'

'친구들과 잘 지내는지?'

'선생님 말씀은 잘 듣는지?'

'어제 밤에 열이 났는데 괜찮은지?'

엄마는 이어지는 걱정에 걱정을 더해서 걱정이 산만큼 커진다. 집에 있는 엄마도 마찬가지이다. 어린이집에 아이를 두고 집에 와서는 다시 와서 창문 너머로 아이를 보고, 어린이집에 전화를 해서 잘 있는지 묻는다. 아이를

향한 엄마의 애절한 마음도 이해된다. 하지만 그런 관심과 사랑으로 여러 명을 적응시켜야 하는 선생님에게 엄마의 지나친 관심은 힘든 일이다.

아이의 슬픈 마음을 돌리기 위해서 교사들은 재미있는 노래와 이야기로 아이들의 이목을 집중시킨다. 아이들이 제일 좋아하는 것은 몸을 움직이는 신체활동이다. 안아주고 업어주다 안 되면 다른 방법을 시도한다. 힘이 다 빠졌을 것 같은데 선생님은 또 음악에 맞춰서 몸을 흔들기 시작한다. 선생님의 그런 모습을 보고 아이들은 언제 울었냐는 듯 웃으며 함께 몸을 흔든다. 아이들을 안아주고 업어주고 그래도 안 되면 몸을 흔들어 웃겨주기까지, 아이들이 하원하면 전쟁을 치루고 난 듯 기운이 쏙 빠진다.

이런 교사들에게 힘을 주고 싶다. 속설에 의하면 삼겹살의 기름기가 목에 있는 먼지를 씻어주기 때문에 목이 아플 땐 삼겹살이 좋다고 들었다. 또 단백질로 영양을 보충해 줄 필요도 느낀다. 그래서 나는 교사들에게 삼겹살을 선물했다. 식당에 함께 가서 회식을 하고 싶지만 그것마저 교사들에게는 힘든 일이 될까봐 집에 가서 가족과 함께 먹고 힘내라는 것이다.

"원장님! 고맙습니다. 오늘 저녁 찬거리 뭐할까 했는데, 힘이 나네요."

입학하고 일주일은 똑같은 전쟁을 치르지만 적응 기간

이 지나면 언제 그랬냐는 듯 달라지는 게 아이들이다.

"선생님이 최고로 좋아."

"엄마 일찍 데리러 오지 마."

"어린이집이 우리 집이면 좋겠다."

"난 커서 선생님이랑 결혼할 거야."

"집에 있는 것은 모두 어린이집에 가져갈거야."

벌써 적응하다니 대견하기만 하다. 아이도 엄마도 어린이집 적응 완료다. 어린이집에서 교사로서의 생활이 학기 초처럼 계속 힘들 것이라는 생각은 버리고, 이 시간이 지나면 더 좋은 시간이 기다리고 있으니까 마음을 비우고 한 주를 보낸다.

선생님! 우리 선생님

'앞으로 힘들어서 어떻게 지낼까?' 고민하던 적응 기간이 지났다.

'오늘은 아이들이 얼마나 달라졌을까?'

어린이집에 처음 와서 며칠간 울면서 엄마를 찾고 힘들어하더니 어느덧 어린이집이 좋은지 생글생글 웃으며 등원한다.

등원하는 연서 손에 색종이로 만든 뭔가가 있다.

"선생님! 이거 선물이에요."

"선물?"

"선생님 주려고 집에서 만들었어요."

"아, 그렇구나. 연서야! 고마워."

연서가 나에게 준 선물은 얼핏 보기에 구겨진 색종이 같지만 진심 어린 선물이다. 집에서부터 나에게 주려고 손에 들고 온 모습이 예쁘다.

"엄마! 이제 집에 가. 나 이제 안 울거야!"

뒤도 돌아보지 않고 원으로 들어가는 연서를 엄마는 신기한 듯 웃으며 쳐다본다. 그리고 나에게 이제 안심이라는 눈빛을 보내고 집으로 향한다.

연서는 교실에 들어와서 지난주와 다르게 가지고 놀던 장난감을 얼른 집는다. 나는 연서가 준 선물을 교실 창문 앞에 놓아둔다. 연서는 놀다가도 내가 어디에 있는지 확인한다. 그리고 달려와서 아까 나에게 준 색종이 선물을 확인한다. 선생님이 창문 앞을 자기 선물로 장식한 것이 기분이 좋은지 친구들에게도 자랑한다.

"이거 내가 접었어."

"연서가 선생님 준 선물이야."라고 나도 웃으며 말한다.

연서는 가장 친한 이현이가 오자마자 이현이를 보고 또 색종이 선물을 자랑한다.

"진짜 예쁘지?"라고 하지만 이현이는 대답 없이 가버린다.

다음 날 이현이는 어린이집에 오자마자 가방에서 색종이 접은 것을 우르르 쏟아냈다.

"이현이가 선생님 준다고 색종이 한 통을 다 썼어요. 선생님이 공주래요."

"와, 이현아! 고마워."

색종이로 자꾸 자꾸 뭔가를 만드는 이현이를 보고 아빠가

"엄마가 예뻐? 선생님이 예뻐?" 하고 물었더니, 한참을 생각하다가 눈을 빙빙 돌리며

"둘 다."라고 말해서 모두 웃었단다.

나도 첫째 현준이를 유치원에 보낼 때 경험이 있다. 현준이가 유치원에서 돌아오면 엄지손가락을 치켜들며.

"우리 선생님이 제일 예뻐. 키도 어마어마하게 커."

현준이가 유치원 다니고 처음 행사였던 발표회에 나와 남편이 참석하였다. 가슴 벅찬 마음으로 원에 들어갔는데 선생님은 키가 작고, 통통했다. 커다란 리본을 머리에 하고, 공주 같은 치마를 입고 예쁘게 화장을 했다. 아이들 수준에 맞추면서도 멋을 낼 줄 아는 멋쟁이 선생님이었다. 현준이가 생각하는 세상에서 가장 예쁜 선생님이 맞았다. 선생님 덕분에 우리 현준이 유치원 생활이 행복했다. 선생님께 진심으로 감사한다.

유아교사로서 힘든 것도 있지만 아이들이 나에게 보내는 사랑은 나를 버티게 하는 힘이다.

자연이 준 선물

서영이가 풀을 뜯어 나에게 가지고 온다.

"선생님! 이거 냄새 맡아봐요. 어제 할머니랑 캤어요."

"와 냄새 좋다." 서영이가 가지고 온 풀은 쑥이다.

어릴 때 쑥인절미, 쑥개떡, 쑥버무리를 해주던 엄마가 생각난다. 엄마는 찹쌀가루와 쑥을 갈아 넣고 익반죽하여 찜통에 찐 후 약간 꾸덕꾸덕해지면 도마 위에 올려놓고 칼로 썰어낸다. 콩고물을 묻히는 것은 나의 몫이다. 하나를 집어서 내 입에 넣으려다 엄마 입에 넣고, 그 다음 내 입에 넣고 오물거린다. 콩고물을 묻히는 것보다 입으로 들어가는 것이 더 많았다.

쑥 냄새에 흠뻑 젖어 옛 생각을 하고 있을 때 아이들은 저마다 손에 쑥을 뜯어 나에게 선물이라며 준다.

"선생님! 이거 손가락 같지요?" 잡초를 뜯어 와서 묻는다.

"선생님! 이것도 쑥이에요?"

실망할까봐 조심스럽게 말한다.

"쑥은 아니고 쑥 친구야."

아이들이 주는 소중한 선물을 버릴 수 없어서 봉지에 담았다. 산에 갈 때마다 아이들은 나에게 선물을 준다.

봉지에는 갖가지 풀들이 가득하기 때문에 어린이집에 와서 쑥을 골라내는 재미도 쏠쏠하다. 캐온 쑥의 냄새를 맡으며 골라내는 예쁜 손과 초롱초롱한 눈을 보면 아이들에게 놀이가 따로 없다. 깨끗이 씻은 다음 삶아 봉지마다 넣어서 얼렸다. 냉동실에 봉지가 10개쯤 되었을 때 보슬거리는 쑥설기를 만들었다.

방앗간 아저씨는 "원장님! 쑥이 많이 거칠어서 너무 질긴 것은 빼고 저희 방앗간의 쑥을 더 넣었습니다."라고 한다.

평소에 덤을 많이 주는 방앗간 아저씨가 오늘은 아이들과 나의 합작품에 도움을 준다. 아저씨가 떡을 가져왔을 때 아이들과 함께 개봉했다. 낱개로 하나하나 포장된 떡을 보며 아이들은 감탄했다.

"와아, 엄청 많다."

"떡에서 쑥 냄새난다."

저마다 하고 싶은 말이 많다.

쑥떡은 입에 대지도 않던 아이들에게 금방 가지고 온 따끈한 떡은 맛있는 간식이 된다. 큼직하게 떼어 먹는 모습을 보면서 흐뭇했다. 이것이야말로 웰빙 간식이다.

「아이들이 뒷산에서 캔 쑥으로 만든 쑥설기입니다.」 편지와 함께 아이들 가방에 하나씩 넣는다.

"선생님! 저는 조금밖에 못 먹었어요. 자기가 캔 쑥으로 만든 거라며 엄마랑 아빠는 조금씩 떼어주고 혼자 다 먹네요."

"저는 원래 쑥을 안 좋아하는데 맛있어서 저도 많이 먹었어요."

"선생님! 이것도 잡숴봐요."

서영이 할머니는 쑥 부침개를 만들어 왔다. 서영이와 함께 캔 쑥인 것 같다.

나는 아이들에게 소중한 선물을 받았고, 그 소중한 선물을 나누니 그것이 몇 배의 기쁨이 되었다. 자연이 준 선물에 다시 한 번 감사한다.

역지사지

7월쯤이면 큰 행사도 다 지나가고 여유가 생기지만 휴가를 앞둔 교사들은 지친다.

달님반 선생님은 "원장님! 방학이 가까이 오니까 그동안 긴장하고 쌓였던 피로가 오네요." 말이 끝나기도 전에 나는

"나도 입이 부르트고 잠을 자도 잔 것 같지 않아요. 겨울부터 쉬지 않고 아이들 수료식 준비에 입학 준비에 아이들 적응 기간까지 우리 모두 힘들었지요." 교사들과 아이들 하원시키고 차를 마시며 담화를 나누었다.

전화벨이 울린다.

"달님반 선생님 전화 왔어요. 승미어머니셔요."

"승미어머니 안녕하세요."

"승미 얼굴에 상처가 있어서요. 무슨 일이 있었나요?"

"어린이집에서는 별일 없었는데요."

"지후가 승미를 할퀴어서 상처가 났다네요."

"그래요? 원에서 서로 다투는 일은 없었는데 어쩌지요? 어머니! 죄송합니다." 전화를 끊고 달님반 선생님은

더 힘이 빠진다.

'왜 우리들은 여유가 조금 생길 때 꼭 이런 일이 생기는 걸까?' 나는 달님반 선생님을 위로하려고,

"선생님, 애들끼리 그럴 수도 있지요? 우리도 못 봤으니 큰 상처는 아닐 거예요. 마음 놓으세요."

말은 이렇게 했지만, 상처가 깊을까봐 걱정이 되고, 마음이 풀리지 않았을 것 같은 승미엄마도 걱정이 된다. 내가 진정한 교사라면 승미가 얼마나 아팠는지 걱정해야 하는데, 승미엄마의 눈치를 보고 있으니 내 자신이 부끄럽다.

다음날 출근하자마자 승미의 상태를 보려고 기다렸다. 드디어 승미가 엄마 손을 잡고 등원했다. 승미 얼굴에는 상처가 나지 않는 밴드를 붙여서 상처의 깊이를 볼 수 없었다.

"선생님! 지후엄마는 지후가 애 얼굴을 이렇게 만들고 전화 한통 없네요."

"어머니, 저희가 전후 사정을 몰라서 말씀드리지 못했어요." 승미엄마는 한숨을 쉬며

"지후가 놀이터에서도 노는 거 보면 장난이 아니던데." 하며 집으로 가버린다. 우리는 서로 쳐다보며 난처하기만 하다. 달님반 선생님은 미안한 표정으로

"원장님! 죄송해요."

"아니에요. 애들이 놀다 보면 그럴 수 있지요."

승미와 지후가 다투는 장면을 보지도 못한 것을 지후 엄마에게 말하는 것은 아니라고 생각했기 때문에 전화나 편지에는 쓰지 않기로 회의 시간에 협의했다. 또 승미의 상처가 얼마나 깊은지도 알 수 없기 때문에 뭐라고 말할 수 없다.

다음 날 오후 자유놀이 시간에 승미와 지후는 소꿉놀이를 하다가 승미가 갖고 있던 뽀로로 장난감을 지후가 빼앗았다.

승미는 "내꺼야."라고 소리 지르며 지후 얼굴을 할퀴고 말았다.

지후가 울면서 승미를 때리려고 하는 것을 교사가 얼른 둘을 떼어놓았다. 잠깐 사이 전쟁이 따로 없다. 이 사건은 선생님이 바로 옆에 있었기에 자초지종을 알 수 있었다. 원래 승미와 지후는 어린이집에서 단짝이다. 그런데 둘 다 네 살이기 때문에 아직 말이 통하지 않아서 뭔가 자기가 갖고 싶을 때에는 손이 먼저 올라가서 때리거나 할퀸다.

지후 얼굴에 상처가 나는 바람에 지후엄마에게 전화를 했다.

"지후어머니, 오늘 승미가 갖고 있던 장난감을 지후가 뺏어서 승미가 지후를 할퀴고 말았네요. 죄송합니다. 바로 옆에 있었는데도 막지 못했어요."

"그럴 수 있지요. 우리 지후가 워낙 유별나고 자기가 갖고 싶은 것은 꼭 가져야 하거든요."하며 웃어넘긴다.

지후엄마의 이해심에 감사하다. 승미엄마에게 말해서 '역지사지'가 무엇인지 깨닫게 하고 싶지만 그럴 용기가 나지 않는다. 우리는 승미엄마에게는 이 사실을 말하지 않고 그냥 넘기기로 했다. 그런데 우리의 마음을 승미엄마가 알았는지.

"선생님, 승미가 지후를 할퀴어서 얼굴에 피가 났다면서요. 어제 승미가 얘기하더라고요. 지난번 지후가 승미를 할퀴었다고 했을 때 제가 경솔했다는 생각을 했어요. 죄송해요."

"아니에요, 승미어머니. 그럴 수 있지요. 다시는 이런 일 없도록 해야지요."

승미엄마의 사과는 우리들 마음에 쌓였던 응어리를 녹아내리게 했다.

조금 여유가 생길 때쯤 이런 일이 생기는 것을 보면 아이들과 함께 하는 우리들은 항상 긴장하며 지내는 것이 맞나보다.

숫돌이 승현이

4년마다 열리는 월드컵은 우리들에게 기쁨을 준다. 지구촌 곳곳이 월드컵에 웃고, 울고, 기뻐하며 하나가 되는 것처럼 아이들도 마찬가지이다. 대한민국의 경기가 열린 다음날이면 아이들은 월드컵 이야기로 하루를 시작한다. 붉은악마 티셔츠에 머리띠를 하고 몸을 풀지 못해서 안달이다.

참재미 어린이집의 숫돌이 승현이는 삼남매 중 막내다. 위로 중학교 형과 누나가 있다. 승현이는 늘 조용하고 얌전한 아이이다. 승현이는 선생님의 도움이 없어도 무엇이든지 잘한다. 승현이엄마는 그런 승현이가 대견하기도 하지만 한편으로 안쓰럽고 답답하다고도 한다.

"승현이는 막내라서 내리사랑이라고 예쁘긴 한데 도대체 잘하는 것이 뭔지 모르겠어요."라고 불만을 토로한다.

남아공월드컵 당시 축구에 들떠있는 아이들에게 월드컵을 재연해보기로 했다. 붉은악마 머리띠도 만들고 모형이기는 하지만 응원도구인 부부젤라도 하나씩 선물로 주고, 우리나라를 위한 응원가도 만들었다. 그중에 눈에 띄는 아이는 승현이다. 축구선수의 이름이며 축구 경기의 규칙도 거침없이 이야기했다.

"선생님! 자블라니가 뭔지 알아요?"

"자블라니가 뭘까?"

"축구공 이름이에요."

"부부젤라 불면서 응원하는 거예요."

자블라니는 남아공월드컵의 공식 공이름이고, 부부셀라는 남아공 등지에서 사용되는 악기로 응원도구이다. 남아공의 전통 악기로 소음이 심해 퇴출 위기도 있었지만 흥미로운 악기이다.

"우루과이랑 대한민국이랑 축구하는데 이청룡이 골 넣고."

"수아레스가 찬 거 골대 맞고 나왔어요."

"근대 또 슛 골인했어요."

승현이의 월드컵이야기는 끝이 없다. 어린이집 아이들을 두 팀으로 나누어 축구시합을 할 때에도 승현이는 선수들의 움직임처럼 공을 자유롭게 다룬다.

평소와 전혀 다른 승현이의 모습에서 나는 승현이가 달리 보인다. 승현이가 속한 팀은 7대 2로 대승을 거두었다. 승패에 상관없이 아이들은 공이 어디로 가는지 차기 바쁘고 반칙이 반칙인 줄 모르고 공을 던진다. 골대를 꽉 막아버린 3명의 아이들 때문에 그저 웃음이 난다. 축구는

피구가 되고 공놀이가 되었다. 그런 것을 정리해주는 승현이는 당연히 스타다. 승현이는 월드컵을 통해서 친구들에게 인기 스타가 되고 우리를 놀라게 한 것이다.

월드컵은 감동의 드라마임에 틀림없다. 우리나라가 4강에 들었을 때 나도 모르게 벌떡 일어나 만세를 불렀다. 대한민국과 형제의 나라라고 불리는 터키와의 경기에서 서로 윈-윈을 바라며 함께 응원하며 뭉클했던 장면, 관중석에서 응원하며 기쁨과 감동의 눈물을 흘리는 것을 보면 나도 모르게 가슴 벅참을 느꼈다. 월드컵을 계기로 한 아이의 재능을 발견하고, 서로 기쁨을 나누고 하나가 된 것이다.

이러지도 저러지도

아침 뉴스에서 「어린이집」이라는 소리가 들리면 귀는 쫑긋, 눈은 동그래지면서 고개를 돌리게 된다.

'또 무슨 일이?'

수족구가 돌고 있다는 기사였다. 수족구가 발병하는 초여름쯤이면 어린이집은 긴장한다. 아니나 다를까 아침에 전화벨이 울렸다.

"선생님, 지윤이엄마에요. 지윤이 손에 물집이 생겼어요. 아침에 뉴스에서 수족구가 유행이라는데 혹시나 해서 병원에 갔다가 어린이집에 갈게요."

손에 수포가 생긴 것을 보면 지윤이도 수족구인 듯하다. 어린이집에 등원하는 아이들 손과 입안을 미리 검사했다. 수족구는 여름철과 가을철에 발생하는 일반적인 바이러스성 감염 질환으로 5세 미만의 아이들에게 자주 발생한다. 초기에는 미열이 날 수 있으므로 체온을 체크한다. 피곤해서 입이 헐은 건지 손에는 상처인지 빨갛기만 해도 다시 보게 된다. 수족구는 잠복기가 3일에서 5일로 이미 전파되었을 수 있어서 살피고 또 살핀다.

"선생님! 나 밥 못 먹겠어요."

"왜?"

"입이 아파요."

"선생님이 봐줄까?"

아침에 작은 상처인 줄 알았던 미연이 입안에 빨갛게 수포가 올라왔다.

결국 아침에 병원에 갔던 지윤이도 수족구라고 집에서 쉰다고 연락이 왔다. 이미 며칠을 함께 한 아이들이 수족구병에 노출이 된 것이다.

미연이를 데리고 병원에 갔다. 병원에는 미연이 또래 아이들 여러 명이 진료를 기다리고 있다.

"박미연 어린이 들어오세요. 자, 미연이 열부터 재고 들어가자."

"미연이, 입 아, 해볼까?" 미연이는 입을 크게 벌린다.

"손도 보여주세요." 손을 내밀며 빨간 곳이 아프다고 선생님에게 말한다.

"선생님, 요즘 유행하는 수족구인가요?" 미연이의 체온 기록을 보더니

"미열이 조금 있네요. 수족구 맞습니다."

미연이 부모님은 맞벌이를 한다. 당연히 전화를 해야 하는데 전화기를 들고 잠시 망설이게 된다. 맞벌이하는 부모의 마음을 잘 알기 때문이다.

"어머니, 안녕하세요. 어린이집입니다."

"원장님! 안녕하세요. 미연이에게 무슨 일 있나요?"

미연이엄마는 놀란 듯 묻는다.

"미연이가 입안이 아파서 밥을 못 먹겠다고 해서 병원에 다녀왔는데 수족구랍니다. 요즘 수족구가 유행이거든요."

"원장님, 어쩌지요? 아빠도 출장 중이고 서는 갑자기 휴가를 낼 수가 없어서."라며 말을 이어가지 못 한다.

'이럴 땐 어떻게 해야 하나?' 생각해도 답이 안 나오는 상황이다.

"네 알겠습니다." 이렇게 말하고 내가 해결해야 했다. 일단 다른 친구들과 격리시켰다. 이건 임시방편일 뿐이다. 이런 급한 상황에서 생각나는 사람은 시어머님과 친언니이다. 몸이 불편하신 어머님보다는 언니에게 전화를 하려는 순간 전화벨이 울린다.

"선생님, 지윤이엄마에요. 미연이엄마에게 전화받았어요. 제가 미연이 데리러 갈게요. 준비시켜 주세요."

"어머니, 감사합니다." 나는 둘이 먹을 간식을 챙겨 밖으로 나갔다. 아픈데도 해맑게 웃는 지윤이도 보이고, 이제 나를 보고 안심하라는 지윤이엄마의 모습도 보인다. 해결사가 되어 준 지윤이엄마가 고맙다.

"어머니, 고맙습니다."

내일도 안심할 수 있는 상황은 아니다. 이미 잠복기에 모두가 노출되었기 때문이다. 수족구 관련 안내문을 가정으로 보냈다. 벌써 소문이 돌아 전화가 오기 시작한다. 달님반은 일곱 명 중 한 명을 제외하고 모두 수족구병 진단을 받았다. 햇님반은 그래도 형아반이라고 걸린 아이가 한 명이지만, 증세가 약하고 금방 격리하여 별 탈이 없었다.

달님반에서 수족구에 걸리지 않은 희주를 혼자 데리고 수업을 해야 하는 어쩔 수 없는 상황인데 희주엄마에게 전화가 왔다.

"선생님, 우리 희주는 동생이 둘이나 있어서 수족구에 걸리면 안돼요. 그래서 어린이집을 며칠 쉬겠습니다."

"네, 어머니. 동생들은 어려서 쉽게 감염될 수 있지요. 다른 사람과 접촉을 피하고 손 씻기를 잘하게 해주세요." 전화를 끊고 마음이 불편하다.

또 다른 엄마에게 전화가 왔다.

"선생님, 희주가 안 온다면서요. 그러면 모두 수족구에 걸렸으니 어린이집 가도되지 않나요?" 달님반만 있는 것도 아니고 다른 반 아이들도 있는데 전염에 상관없이 어린이집을 보내겠다니 그건 아닌 것 같다. 자기 아이밖에 생각 안하는 부모의 전화에 나는 서운하고 화가 난다.

감기에 걸려도 친구에게 옮은 것이고, 배가 아파도 어린이집 급식이나 간식의 문제인가?

왜 모두 어린이집 때문일까?

이 모든 것이 내 맘대로 되는 것은 아니지만 어린이집이 죄인인 것 같은 불편한 마음을 언제나 달고 지낸다. 어린이집 선생님은 아파도 아이들을 두고 휴가를 내지 못하고, 속상한 일이 있어도 아이들 앞에서 웃어야 한다.

아이들도 선생님의 이런 진짜 마음과 가짜 마음을 알지 않을까?

선생님도 사람이다. 기쁘면 함께 웃고 슬프면 함께 슬퍼하고 싶다.

너와 나는 같지 않아

"앙아앙아아아~ 앙아앙아아아~ 앙아앙아아아."

"으앵~ 으앵~ 으앵."

남편은 첫째 현준이가 태어나던 날 우렁찬 울음소리와 둘째 호준이가 태어나던 날 가느다란 울음소리가 완전히 달랐다고 한다. 아직도 호준이는 딸 아이인줄 알았다는 남편의 아쉬움 섞인 이야기를 여러 번 들었다. 이렇게 태어날 때 처음 터트리는 울음소리부터 다르듯이 사람들은 서로 다른 색깔을 가지고 있다. 외모, 풍기는 이미지, 향기, 성격, 품성, 기질 등 모두 열거할 수 없을 정도로 제각각이다.

예뻐서 안아주고 싶은 사랑스러운 아이
안쓰럽게 느껴지는 한 박자 느린 아이
손이 여러 번 가는 까다롭고 예민한 아이
하나를 알려주면 둘을 아는 똑똑한 아이
배려심이 풍부한 아이

서로 다른 아이들이 한 공간에 함께 있다. 그중에서 기억에 남는 아이는 까다롭고 예민한 아이이다.

'왜 특별히 생각날까?'

아이들과 "참새" "짹짹" "하나, 둘" "셋, 넷"하며 바깥 놀이터에 줄서서 차례로 가고 있는데, 세호는 혼자 미끄럼틀을 향해서 재빨리 뛰어 올라간다. 아니나 다를까 공중을 향해 점프를 하고 쏜살같이 내려온다. 스릴을 만끽하는 모습이다.

하지만 그 순간 세호는 미끄럼틀 아래 모래바닥으로 떨어졌다. 나는 황급히 세호를 업고 어린이집으로 뛰었다. 우리 반 아이들도 우왕좌왕 나를 따라 뛰고 난리가 났다. 부모님이 아파트 위에서 보셨는지 놀라서 달려와 세호를 병원에 데리고 갔다.

무덥던 8월, 세호는 어깨골절로 깁스를 해야 했다. 깁스를 해서인지 그 해 여름 세호는 격하게 움직일 수 없었다. 차분하기까지 했다. 몸을 자유롭게 움직일 수 없어 뜻대로 안 되지만 긍정적인 세호였다.

"괜찮아!"

"내가 할 수 있어."

"나 혼자 할래요." 화가 나도 금방 풀어버리고 화통하다.

세호에 관한 일화는 그것만이 아니다. 월드컵공원에 있는 징검다리에 도착했을 때 나는 아이들에게

"물에 빠질 수 있으니 조심조심 건너자."라고 말했다. 그 순간 벌써 징검다리를 밟기 시작한 세호는 물속에서 손을 흔들며 나를 부르고 있다. 그것도 환하게 웃으며 미소 짓는다. 여벌의 옷만 준비한 나는 젖은 신발을 어찌해야 할지 당황스러웠다. 하지만 이 모든 것이 추억이다.

어린이집을 졸업하고 길에서 세호어머니를 만났다. "세호 잘 지내지요?"라고 물으려는 순간 내가 묻기도 전에

"원장님! 세호가 과잉행동장애 ADHD 진단을 받고 치료하며 잘 지내고 있어요."

"세호가 학교 가서 힘들어하지 않아요?"라고 말한 것도 아닌데, 그것을 아는 것처럼 오히려 나를 안심시킨다.

"어린이집 다닐 때 알았으면 좋았을 텐데, 원장님이 상담받으라고 할 때 받을 것을 많이 후회했어요."라고 했다.

지금 생각해 보면 내가 어릴 땐 세호보다 더 개구쟁이도 많았고, 활동적인 아이도 많았다. 그것을 과잉행동장애라고 명명하지도 않았다. 그때는 아이들 각각의 다름을 이해해 주고, 매일 밖에 나가서 놀았다. 그것이 현명했다. 에너지를 분출하며 자연스럽게 치유되었기 때문이다.

어린 세호를 까다로운 기질이라고 나름 분류했던 것 같아서 미안했다. 하지만 후회는 없다. 나는 최선을 다했고 세호와의 즐거운 추억을 회상하면 나도 모르게 보고 싶고 그립기 때문이다.

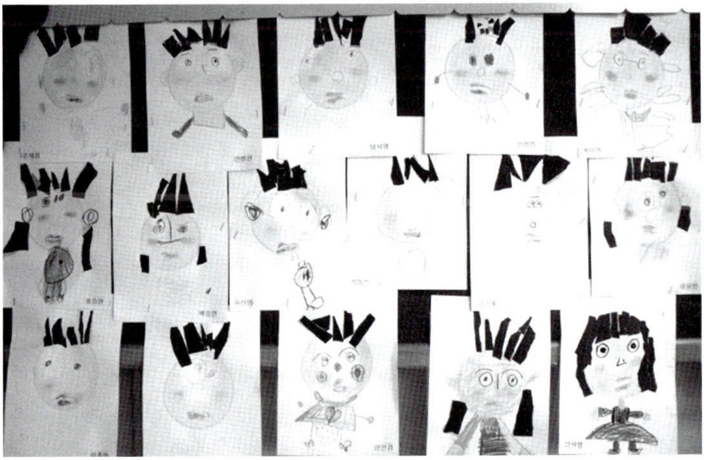

지렁이 송편

오늘은 미리 추석데이다.

한복을 입고 어린이집에 오자마자 가방을 열어,

"선생님! 이거요."하며 들어 보이는 것은 앞치마다. 오늘 송편 만들기의 기대감이 아이들 얼굴에서 보인다.

가을에 곡식과 과일이 익듯이 어린이집에서 추석 쯤이면 아이들도 익어간다. 추석이 되기 전 풍성한 한가위를 맞이하기 위한 준비를 어린이집에서 미리 한다. 우리의 옛 놀이 체험과 빼놓을 수 없는 송편 만들기가 그것이다.

하얀 쌀가루와 초록색 쌀가루를 미리 방앗간에서 빻았다. 쌀가루도 만져보고 냄새도 맡아보고 아이들은 저마다 신기해한다.

"가루가 아니네. 가루가 왜 이렇게 생겼지?"

"뭉친 게 가루라고?"

"쌀가루라고 해서 밀가루 같은 건줄 알았지?"

뜨거운 물에 소금을 넣어 녹이고 쌀가루에 붓는다. 주걱으로 살살 뒤적이며 반죽한다. 쌀가루는 금방 밀가루 반죽처럼 되었다. 남은 하얀 가루에 단호박을 삶아 넣어

으깨고 반죽을 하면 노란반죽 덩어리가 된다. 쑥쌀가루는 초록색 반죽이 되었다. 호박반죽과 쑥반죽은 흰반죽보다 더 쉽게 반죽이 된다. 아이들에게 조금씩 떼어서 나눠주었다.

아이들은 각자 맡은 반죽을 점토 다루 듯 조물거린다. 반죽의 색깔이 모두 다르다. 하얀 반죽의 색깔이 어느덧 회색빛으로 물이 든다. 분명히 모두 앞치마하고 손을 씻고 시작했는데 “왜 그럴까?” 많이 주무르면 더 맛있다고 했더니 열심히 반죽한 결과 어느새 물이 든 것이다. 아이들의 손 움직임이 빨라질수록 둔탁한 회색빛이 돈다.

손바닥을 마주대고 반죽을 떼어 넣고 동글동글 굴린다. 검지손가락을 쏙 넣어 구멍을 낸다. 밤, 건포도, 콩 등 넣고 싶은 속을 넣는다. 가장 인기가 있는 달콤하고 고소한 깨는 아이들이 번갈아가며 빻기만 하고 잘 터지기 때문에 선생님의 몫이다. 속을 채워서 다시 동그랗게 만들고 반달 모양으로 모양을 내는데 그 모양이 모두 다르다.

자기 얼굴처럼 동그란 송편
콩이 다 보여서 얼룩덜룩한 송편
건포도 한 알 넣었는데 건포도가 반쯤 튀어나온 송편
가장 재미있는 송편은 길게 늘려 속이 다 보이는 지렁이 송편

아이들 모습이 다른 것처럼 송편의 모습도 모두 다르다.

송편은 찌는 것이 어렵다. 산에 나무를 정리할 때 소나무를 조금 주워 깨끗이 씻어 말려서 냉동실에 넣어둔다. 찜 솥에 물을 끓이고 베보자기를 깔아 아이들이 만든 송편을 한 겹 깐다. 그 위에 솔잎을 뿌리고 또 한 겹을 놓는다. 아이들의 송편을 여러 겹 깔고 찌면 솔잎 냄새가 향긋하다.

아이들은 그동안 점심 준비를 한다. 배식이 모두 끝날 때쯤 송편을 솥에서 꺼낸다. 냄비의 뜨거운 열기를 감수하고 보자기의 네 귀퉁이를 들어 올려서 찬물에 재빨리 담그고 소쿠리에 건진다. 손바닥에 참기름을 발라서 하나하나 묻히고 채반에 건조한다.

"와, 내가 만든 송편이다."

"이것도 내가 만들었는데."

"이것도네." 자기가 만든 송편을 찾을 수 없지만 모두 자기가 만든 것이라고 어리둥절해 한다.

추석이 되기도 전에 맛보는 송편은 평소 먹던 다른 떡보다 맛있다. 콩을 안 먹던 아이도 맛있다며 냠냠거리며 먹는다.

"와, 내꺼잖아!"

"색깔이 달라졌다."

"초록색이랑 노란색이 진해졌어요."

"맛있어요. 한 개 더 주세요."

"백만 개 먹을래요."

"배부른데 또 먹고 싶어요."

"지렁이송편이다."

아이들과 정성스럽게 만든 송편을 이웃에게 대접하고 싶어서 접시에 가득 담아 놀이터로 나가면 금방 동이 난다. 소문을 들은 부모님들은 어린이집까지 와서

"원장님!" 저희도 송편 먹고 싶어요."

"저희 먹을 건 없나요?" 부모님들은 송편을 맛보는 것보다 아이들의 예쁜 모습을 보고 싶은 것 같다.

더도 덜도 말고 한가위만 같아라! 이렇게 풍성하고 행복한 추석이 또 있을까?

해마다 추석이 기다려지는 이유는 송편을 만들기 위해 봄부터 준비해 온 쑥과 솔잎으로 아이들과 함께 송편을 만들고, 동네잔치를 하니 기다려지는 것이고 행복한 것이다.

1등 어린이집

어린이집을 하면서 중요하게 생각한 것 중의 하나는 '체험'이다. 아이들에게 많은 경험을 하게 하는 것이다. 그래서 기회가 되면 현장학습을 가거나 자연으로 나갔다.

최인철 교수는 '여행'은 가장 효과적이고 압도적으로 행복감을 준다고 하였다. 행복감을 주는 단일 행동으로 걷기, 놀기, 말하기, 먹기 등이 있는데, 여행은 이 네 가지를 모두 할 수 있기 때문이라고 설명한다.

실제로 여행을 갔던 경험이 삶의 활력소가 되듯이, 아이들에게도 다양한 경험은 행복한 추억과 함께 스펀지같이 흡수하는 지식을 자연스럽게 습득하는 기회가 되는 것이다.

우리 어린이집 아이들은 만 2, 3세로 어리다. 그러다 보니 일찍 가지 않으면 마음껏 견학을 할 수 없고 놀 수도 없다. 야외활동을 가는 날이면 9시까지 아이들이 등원을 해야 하기 때문에 부모들도 긴장한다. 한 명이라도 늦으면 제 시간에 갈 수 없기 때문에 시간을 엄수한다.

박물관에도 1등, 고궁에도 1등, 농장에도 1등으로 도착한다. 우리 어린이집이 신청을 하면 담당 선생님도 서두른다. 한 번은 국립민속박물관 '병아리 민속교실'에 수업을 신청했는데, 선생님보다 일찍 가서 고궁에서 놀고 있었다. 그 후 선생은 우리 어린이집이 견학을 온다고 하면 일찍 올 수밖에 없다고 웃으셨다.

아이들이 흩어져서 자유롭게 보고 즐기는 모습이 한눈에 다 보인다. 우리가 여유롭게 견학하고, 체험을 하고 나오면 다른 원들은 그제야 입장하기 시작한다. 견학을 일찍 시작한 만큼 혜택도 많다. 볼 수 없는 공간도 서비스라며 보여 주기도 하고, 어리니까 예쁘고 부지런하다고 칭찬 세례도 받는다. 현장학습을 가는 날이면 이른 아침부터 등원 준비를 해서 보내 준 학부모들 덕분에 아이들에게 더 많은 추억과 기쁨을 주었다.

그날

생각하고 싶지 않지만 잊을 수 없는 그날!

하원시간 아이들이 집에 가려고 신발을 신는데, 가스 검침원이 가스점검을 왔다. 나는 다른 아이들 줄을 세우고, 아직 신발을 신지 않은 유미를 기다렸다. 유미가 일어나려는 순간 검침원의 손이 유미의 눈을 스쳤다. 검침원은 유미의 눈에 샤프심이 닿은 것이 아닌가? 놀라서 유미에게 물었다.

"아기야! 괜찮니?" 유미는 고개를 끄덕이며

"괜찮아요."

"선생님! 이거 제 명함이에요. 혹시라도 나중에 아프다고 하면 연락주세요." 유미가 아파하지 않았기 때문에 걱정하지 않았다.

유미 부모님은 맞벌이라서 주로 할머니가 유미와 동생을 돌본다. 그날은 할머니가 외출해서 유미 고모가 유미를 데리러 와서 고모에게 말했다.

"유미가 집에 가서 눈이 아프다고 하면 연락주세요."

"괜찮은 거 같은데 별일 없겠지요." 얼마 후 유미 고모에게 전화가 왔다.

"유미가 눈을 자꾸 비비네요."

"저희가 안과에 데리고 가겠습니다."

그때까지만 해도 불안함 없이 안과에 데리고 갔다. 잠시 후 안과에 데려 간 선생님에게 다급한 목소리로 전화가 왔다.

"원장님! 지금 종합병원으로 빨리 가래요." 나는 놀라서 물었다.

"왜요? 눈이?"

선생님은 떨리는 목소리로 "바로 수술해야 한대요."

나는 전화기를 떨어트렸고 바닥에 털썩 주저앉아 잠시 일어나지 못했다. 유미가 눈 수술을 받는 동안 가족들과 나는 밤늦게까지 초조하게 기다렸다. 새벽 2시쯤 수술은 끝났다.

"유미 수술 잘 됐어요. 걱정 말고 가셔요. 마취 깨는 거 보고 갈게요." 잠깐의 사고가 이렇게 될 줄 아무도 몰랐기에 모두가 힘든 시간이었다.

유미 할머니는 속상한 마음에 만나는 사람마다 하소연을 했고, 어린이집을 원망했다. 그것은 당연하다. 내가 그런 일을 당해도 할머니처럼 속상하고 화가 났을 테니까! 어린이집 부모들, 주변 사람들 모두 서로를 안타까워했다. 검침원의 실수라고 할 수 있지만 함께 있었던 나의

죄책감은 말로 표현할 수 없다.

이럴 땐 내가 유미를 어떻게 도와줄 수 있을까?

유미 입장에서 진심으로 생각했다. 행동으로 옮기는 데는 한계가 있지만 내가 할 수 있는 최선을 다했다. 유미의 치료가 끝날 때까지 내 아이처럼 정성을 다했다. 내 마음이 통했는지 할머니를 비롯한 가족들이 어린이집을 이해하고 전보다 친해졌다.

유미는 투명안대를 하고 어린이집에 등원했다. 나는 유미를 보는 순간 울컥했다. 오자마자 못했던 생일축하 파티를 했다. 금방 적응하여 미소짓는 유미가 대견하다. 친구들도 오랜만에 어린이집에 온 유미를 환영하며 안아주고 좋아한다.

'그날 이전으로 시간을 돌릴 수 있다면.'

하지만 그것은 나의 바람일 뿐이다.

이웃 원장님이 나에게 이렇게 물었다.

"그때 그 아이 부모가 떠오르지 않았어요?"

나는 유미부모님이 떠오르지 않았다.

유미가 큰 병원에 가서 수술을 받아야 한다고 했을 때 어린아이가 전신마취를 하고 침대에 누워 수술을 받아야 한다는 생각에 정신이 혼미해졌고, 전화기를 떨어트리며 쓰러질 수밖에 없었다. 지나고 나서 그 순간 다른 두려움보다도 유미만을 생각했던 것이 그나마 나를 양심 있는 사람으로 만들었다. 유미가 건강하게 잘 자라기를 바란다.

지금도 마음 깊이 자리하는 유미와 유미 가족에게
미안합니다.
그립습니다.
사랑합니다.

또 하나의 인연

어린이집을 개원할 때 전 원장이 원아가 40명이라고 했는데, 막상 시작하려고 하니 총 정원은 15명이었다. 15명으로 운영을 하려고 하니 막막하다. 그래도 생각을 달리하여 '15명이나 모였으니 최선을 다하자.'고 마음먹었다.

15명 안에는 유아뿐만 아니라 초등학교 하교 후 어린이집에 등원하는 초등학생도 있었다. 아직 어려서 학교 끝나고 엄마의 손길이 필요한 아이들을 엄마를 대신해서 돌보아준다는 것은 의미가 있다고 생각했다. 그래서 초등학생으로 구성된 방과 후 교실도 함께 운영했다.

적은 인원에 운영은 어려웠지만 내 아이처럼 해주겠다는 생각은 변하지 않았다. 아이들이 쓰는 재료 하나를 사더라도 질이 좋은 것으로 구입했다. 가방과 원복도 2년을 사용해도 다음 해 물려줄 수 있을 정도로 튼튼하고 좋은 재질로 맞추었다.

아이들 먹을거리 역시 발품을 팔아 재래시장에서 싱싱한 것으로 싸게 구입해서 같은 비용으로 많이 먹을 수 있게 했다. 시어머니는 아이들 먹을 것을 해주셨다. 해마다 김장을 할 때에도 어린이집 아이들과 교사들 먹을 것까지 1년 치를 해주셨다. 몸도 불편한데 어린이집 일이라면 나서서 도와주셨다.

어린이집 주변 부모들 사이에 작지만 알차다는 입소문이 나기 시작했다. 2학기가 되어 정원을 모두 채울 수 있었다. 다른 사람들에게 보이기 위해서 그런 것보다는 내 아이처럼 잘 키우겠다는 마음이었는데, 진심이 통한 것일까? 차량운행을 하지 않고도 운영이 가능했고, 우리 어린이집 소문을 듣고 멀리서 이사를 온 아이도 있었다. 지금도 처음 어린이집을 시작할 때 어려움 속에서 힘과 용기를 주었던 아이들과 부모님들을 생각하면 그립고, 보고 싶다.

어린이집을 그만두고 강의를 할 때였다. 모르는 번호로 핸드폰이 울렸다. 070으로 시작하는 번호라서 처음에는 받지 않았다가 벨소리에 나도 모르게 우연히 받았다. 방과 후 초등학생이었던 응서엄마였다.

"참재미 안산어린이집 원장님 맞죠? 응서랑 이준이 엄마에요."

"아 응서어머니! 안녕하세요."

"원장님! 어린이집 전화번호를 몰라서 핸드폰으로 여러 번 했었어요."

응서는 1년 전 아빠가 회사를 그만두고 미국으로 이민

을 갔다고 한다. 이민 와서 적응하는 과정에서 어린이집이 그립고 보고 싶었단다. 응서가 어릴 때 엄마를 대신해서 숙제도 봐주고, 홈메이드 간식도 해주고, 어떤 날은 저녁 반찬까지 챙겨주었던 것을 기억하고 있었다. 우리는 전화기를 붙들고 서로 그리운 마음에 울었다. 서울에 올 일이 있으면 만나기로 약속하고 전화를 끊었다.

엄마가 간호사를 그만두던 날 응서도 어린이집을 그만두었다. 다음 해 스승의날 응서엄마는

"선생님! 제가 만든 앞치마에요. 무슨 선물을 할까 고민하다가 만들었어요. 앞으로 선생님께 더 좋은 걸 해드릴 날이 많으니까, 저는 행복해요." 하며 준다. 지금도 간직하고 있는 앞치마, 다 낡았지만 볼 때마다 추억에 잠기게 한다.

방과 후 교실의 아이들!

또 하나의 인연이었던 그 시간을 추억한다.

낡았지만 지금도 간직하고 있는 앞치마.

앞치마를 보면 나도 모르게 눈시울이 붉어진다.

얼마나 컸을까?

보고 싶다.

새해 복 많이 받으세요!

새해가 밝았다.

어린이집에 처음 오던 날 우리 꼬맹이들 가족과 떨어지지 못해서 울었던 것이 엊그제 같은데, 벌써 한 살 더 먹어 한 뼘 넘게 자랐다. 훌쩍 큰 아이들을 보면 보람과 만감이 교차한다. 아이들은 목청껏 동시를 읊는다.

설이 되면 해님도 한 살 더 먹고
설이 되면 달님도 한 살 더 먹고
얘들아 나오너라 키 좀 대보자
누가 먼저 자라나 내기해 보자

어린이집에서 설날 잔치를 준비한다. 설날 음식 만들기와 복주머니 만들기이다. 아침에 한복을 입고 등원한다. 여자아이들은 댕기에 머리띠도 하고 버선도 신고 온다.

자유놀이 시간에 복주머니 만들기를 시작한다. 한지로 종이접기해서 복주머니를 만든다. 삐뚤빼뚤 접은 복주머니에 그리고 싶은 그림을 마음껏 그린다. 선생님은 복주

머니에 끈을 묶어서 세뱃돈을 넣을 수 있게 만들어준다.

오늘의 하이라이트는 만두 빚기이다.

'아이들이 만두를 만들 수 있을까?'

동그란 만두피 가운데 속을 한 숟가락씩 떠놓고 반으로 접어서 둘레를 엄지와 검지로 구멍 없이 붙인다.

요리활동 시간이면 눈이 반짝거리는 아이들.

"선생니(선생님), 반으로 접어요?"

"동현아! 조금 기다려. 친구들 도와주고 함께 하자."

"벌써 접었어요."하며 해맑게 웃는다.

만두피 위에 속을 넣고 그냥 반으로 접어서 만두피 둘레를 눌러야 하는데, 가운데를 눌러서 속이 밖으로 모두 나왔지만 동현이는 흐뭇하기만 하다. 다시 둘레를 눌러 만들지만 만두는 이미 터졌다. 만두를 먹을 때에는 터지나 터지지 않으나 입으로 들어가는 것은 똑같으니 우리는 서로 마주보며 함께 웃는다.

여기저기 속이 나와서 터졌다는 소리가 들린다. 삶을 수 없게 되어 찜통에 찌기 시작한다. 찜통에서 조심스럽게 국자로 하나씩 떠서 미리 끓인 떡국에 넣어준다. 하나만 먹어도 배가 부른 왕만두다. 떡만둣국을 먹었으니 아이들은 이제 한 살 더 먹었다고 한다.

오전에 만든 복주머니를 하나씩 들고 세배를 한다. 세배하는 방법을 알려준 대로 여러 번 연습을 하고 선생님들께 세배를 한다. 아이들마다 생각해둔 덕담을 해주고 미리 준비한 세뱃돈을 아이들 복주머니에 넣어준다.

자신들이 만든 떡만둣국을 맛있게 먹는 모습을 보면 내가 배가 부르고, 복주머니에서 손을 떼지 못하는 모습을 보면 벌써 1년이 지났구나! 시간의 흐름을 느끼며 보람과 기쁨이 교차한다.

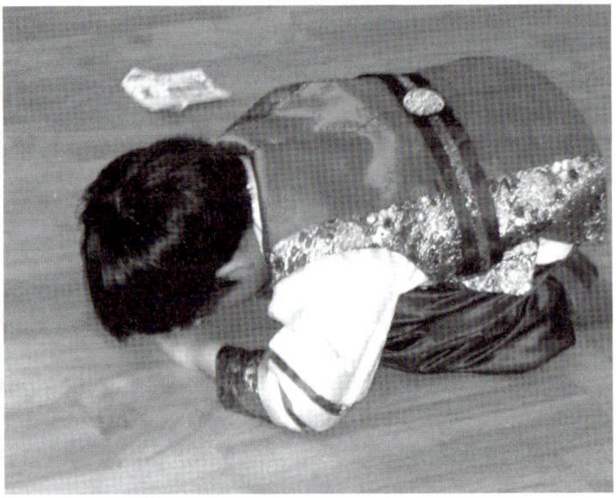

참재미 음악회

어린이집마다 연말에 재롱잔치나 발표회를 매년 정기적으로 한다. 그 외 참여수업, 운동회, 소풍, 등반대회 등 행사가 많다. 처음 어린이집을 개원했을 때 행사를 많이 하고 싶었다. 어린이집을 알리고 싶은 욕심이었다. 처음으로 '엄마 참여수업'을 알차게 준비했다. 그런데 유민이는 아침부터 기운이 없다. 친구들이,

"이따가, 우리 엄마 어린이집에 온대."라는 말에 마음이 상한 것 같다. 유민이엄마는 연락도 없이 어린이집 행사에 불참했다. 유민이는 다른 엄마와 함께 수업을 해야 했다. 그때 유민이의 모습이 무척 안쓰러웠다. 그 후 나는 어린이집 행사를 하는 것이 망설여졌다. 나도 유치원 교사였을 때 참여할 수 없을 때가 많았기 때문에 더욱 와 닿았다.

궁리 끝에 가족이 참여하는 행사는 12월 24일이 되기 전 토요일에 하는 '참재미 안산음악회' 하나로 결정했다. 맞벌이 가족이 많아서 가족들 참여가 용이하지 않은 아이들을 위한 배려였다.

참재미 안산음악회는 그동안 부른 노래, 악기 연주를 하고, 하이라이트는 산타할아버지가 선물과 카드를 읽어주는 것이다. 그래서 아이들이 1년을 기다리는 날이다.

아이들은 음악이 나오면 시키지 않아도 저절로 고개를 움직이고, 엉덩이를 흔들며 흥에 겨워 움직인다. 피아노 반주를 하면 노래가 나오고, 음악이 나오면 악기를 두드린다. 선천적으로 음치인 아이도 있고, 박자를 못 맞추는 박치도 있다. 아이들은 노래를 부를 때 음정박자가 안 맞아도 귀엽고 예쁘다.

자연스럽게 음악과 친해지고 익히면 노래도 악기 연주도 금방 할 수 있다는 것을 알기 때문에 준비하는 과정이 재미있기만 하다. 놀다가도 우리가 불렀던 노래가 나오면 따라 부르고, 악기를 연주한다. 그중 한명은 선생님이 되어 나를 그대로 흉내낸다. 하루라도 악기 연주를 하지 않으면 아이들은 합창한다.

"악기, 악기, 악기."하며 악기 연주를 하자고 조른다.

음악회 순서부터 사회자까지 아이들과 함께 정한다. 모든 순서는 각각 정해진 아이가 나와서 사회를 돌아가며 본다.

"지금부터 참재미 안산어린이집 음악회를 시작하겠습니다." 드디어 음악회가 시작된다. 그동안 했던 노래와 율동, 악기 연주를 발표한다. 그런데 4살 민성이가 무대

중앙에서 움직이지 않는다. 많은 사람들의 반응이 부담스러운지 울음을 터트리고 만다. 관객들은 민성이에게 잘할 수 있다고 격려의 박수를 보낸다. 박수소리에 놀란 민성이는 목 놓아 울어버린다. 결국 민성이아빠가 민성이를 무대에서 안고 내려온다. 민성이아빠는 내 뒤로 와서 조용히 말한다. "원장님, 괜찮아요. 그냥 진행하세요. 민성이가 원래 사람을 좀 가려요."

산타할아버지를 의식해서인지 다른 아이들은 평소보다 더 잘하려고 하는 모습이 역력하다. 발표회가 끝나고 산타할아버지는 아이들에게 카드를 읽어주고 선물을 준다. 카드는 부모님이 준비한 것으로 아이에게 하고 싶은 말을 미리 적어서 준비했다. 칭찬은 앞부분에 아이에게 바라는 것은 뒷부분에 적기로 하고 카드를 준비한다.

"산타할아버지가 하늘에서 보니 우리 진수는 밥도 잘 먹고 친구들과 사이좋게 지내서 좋아요. 그런데 아침에 늦게 일어나서 어린이집에 지각하면 안 돼요. 햇님반이 되면 일찍 자고 일찍 일어나는 어린이가 되세요."

진수는 고개를 끄덕이며 산타할아버지와 약속하고 선물을 받는다.

9년 동안 참재미 어린이집의 산타를 해준 형부 산타
아이들을 하나하나 기억할 정도로 예뻐하던 산타
아무리 바쁜 일이 있어도 음악회 날짜는 지키는 산타
지금도 그때를 그리워하는 영원한 산타
아이들에게 소중한
추억을 선물한 형부 산타에게
감사의 마음을 전한다.

초대합니다

부모들은 아이의 친구를 집으로 초대하고 난감할 때가 많다고 하소연한다. 우리 집이 아닌 다른 집에 가서 마음대로 서랍이나 냉장고를 열고, 텔레비전을 켜고 예의를 지키지 않는데, 그것이 잘못된 행동이라는 것을 아이들이 모른다는 것이다.

아이들에게 다른 사람 집에 초대받아서 갔을 때 지켜야 할 예절을 알려주어야 했다. 백문이 불여일견이라고, 우리 집에 초대하기로 했다. 집에 아이들을 초대하려니 깨끗이 청소하는 것부터 음식 준비까지 할 일이 많다. 하지만 아이들이 온다는 생각에 흥분되기도 한다.

이미 우리 아이들은 커서 장난감이 필요 없지만, 1년에 한 번 원장님 집에 초대되어 오는 어린이집 아이들을 위해서 장난감을 버리지 않았다. 방마다 장난감을 채우고, 거실과 주방에는 아이들 먹을 음식을 차렸다.

어린이집에서는 집에 방문하기 전에 '초대받아 갔을 때 지켜야 할 예절'을 발표하고 약속을 정했다. 집에 도착하자마자 아이들은 장난감에 관심이 집중된다.

"와! 이건 뭐지?"

"로보트다. 자동차로 변신한다." 우리 아이들이 예전에 갖고 놀던 장난감과 지금 장난감은 다르니까 당연히 낯선 장난감에 아이들은 흥미를 가진다. 놀고 나서 정리하자는 약속도 잘 지켰다.

드디어 점심시간이다. 양식으로 준비해서 레스토랑처럼 처음엔 스프를 먹고, 음식을 먹을 만큼 덜어 먹도록 했다. 달님반 4살 친구들은 제과점 빵칼을 주고, 5살 햇님반은 양식 나이프를 줬다. 안 먹던 파프리카도 입으로 쏙 들어간다.

채진이가 "선생님! 파프리카 너무 커요." 했더니, 서원이가 파프리카를 손으로 집으며,

"그러니깐 파프리카는 손으로 먹어야지."라고 한다.

남김없이 싹싹 비운 아이들. 다 먹은 그릇을 싱크대에 올려놓는다. 나는 어린이집에 갈 시간이 되어

"자, 이제 정리하고 어린이집으로 가자."라고 했다. 아이들은 큰소리로

"선생님! 더 놀고 갈래요."

"또 놀고 싶어요."하며 조른다.

"오늘은 그만 가고, 다음에 또 오자."라고 아이들을 설득하여 어린이집으로 왔다.

다음날 미진이엄마는 미진이를 등원시키면서 묻는다.

"원장님! 오늘 또 원장님 댁에 간다면서요?" 나는 깜짝 놀랐다.

"네? 아마 어제 원으로 올 때 다음에 또 오자고 했더니, 오늘 또 가는 줄 알았나 봐요." 그제야 미진이엄마는 "그랬겠지요? 얼마나 자랑을 하던지, 그런 줄 알았어요."

어린이집 아이들을 초대한다는 건 쉽지 않은 결정이었지만, 9년간 아이들에게 최고의 날은 바로 원장님 집에 초대받는 날이었다.

참재미 안산어린이집 친구들은 지금도 어디선가 예의 바른 모습으로 사랑받으며 잘 자라고 있을 것이다.

입맞춤

우리 다시 만날 땐 그땐 더 좋을 거야!
그땐 네 고운 손 위에 음~ 입 맞출 거야 ♬
안녕 안녕 오늘은 안녕
그땐 네 고운 손 위에 음~ 입 맞출 거야 ♬

〈김성균 작사/곡〉

2월이 되면 싫다. 그동안 정들었던 아이들과 헤어져야 하기 때문이다.

요즘은 졸업식 참여율이 저조하여 졸업장을 택배로 받는다고 한다. 예전 국민학교 졸업식장은 울음바다였다. 교장선생님의 내빈 축사, 상장 수여 등 졸업식장 분위기는 엄숙했다. 그리고 후배의 송사, 졸업생의 답사에서 눈물을 훔쳤다. 식이 끝나고 가족과 함께 먹는 자장면은 최고의 맛이었다. 이렇게 졸업식은 의미 있는 행사였는데, 추억 속으로 사라지는 것이 안타깝다.

어린이집에서 아이들 기억에 남을 졸업식을 할 수 있을까를 고민했다. 선생님이 준비하는 일방적인 행사보다

는 아이들이 참여하는 졸업식을 준비하고 싶었다.

졸업식 날 아이들은 사회자와 발표자가 되고, 자신들이 만든 작품으로 어린이집을 꾸미는 것이다. 그리고 어린이집에서 가장 재미있었고, 다시 해보고 싶은 활동을 회상하며 해보기로 구상했다.

아이들이 사회자와 발표자가 되려면 동생들과 친구들 앞에서 뭔가를 발표해야 하는데, 아이들은 무엇을 발표할 수 있을까?

나는 아이들에게 물었다.

"어린이집을 졸업하면 이제 어린이집에 안 오잖아. 졸업하면서 친구들 앞에서 내가 하고 싶은 이야기를 씩씩하게 하면 좋겠는데 무슨 말을 하면 좋을까?" 하자 아이들은 무엇을 어떻게 말하는지 몰랐다.

나는 자기소개에 이름과 가족, 어린이집에서 가장 재미있었던 것, 마지막으로 장래희망을 발표하자고 아이들에게 제안했다. 재미있었던 것과 장래희망은 아이들 스스로 생각하기로 했다.

"저는 햇님반 고신우입니다. 우리 가족은 엄마, 아빠, 누나들 그리고 저입니다. 어린이집에서 가장 재미있었던 것은 옥상에서 수영하고 레고만들기 한 것입니다. 저는 커서 도둑을 물리치는 경찰관이 되겠습니다."

신우의 발표 연습이 끝나자 남자 아이들은 모두 경찰관이 되겠다고 한다. 나는 여러 가지 직업이 더 있는 것을 알려주었더니 뒤늦게 소방관, 선생님, 발레리나가 되겠다고 한다. 남자인데 엄마가 되겠다는 아이는 친구들의 웃음을 자아냈다.

다음은 형님들과 헤어지는 아쉬움과 섭섭함을 마음을 담아 하는 송사와 송사에 답례하는 답사를 아이들과 생각해 보기로 했다.

동생들은 형님에게 하고 싶은 말을 한다.

"형아들, 유치원 가서도 어린이집에 놀러 와서 같이 놀자." 졸업하는 형님들은 동생들에게 대답을 한다.

"어린이집에 꼭 놀러올게. 그리고 어린이집 잘 지켜." 간단한 한 문장이지만 아이들의 아쉽고 섭섭한 마음이 담겨있다.

송사와 답사 준비가 끝나고 어린이집을 우리 작품으로 꾸미는 시간이다. 아이들이 발표한 장래희망을 그려서 벽면에 장식하고, 그동안 그린 그림과 작품들을 파일에 정리해서 작품집을 완성했다. 이면지에 그린 그림 한 장 버리지 않고 모아서 파일이 불룩하다. 자기 작품을 애지중지하는 모습은 보물을 다루는 듯하다. 학기 초에 그린 그림을 보고 깔깔깔 웃으며, 자기가 그린 것이 아니라고 우기기까지 한다.

마지막으로 어린이집에서 가장 재미있었고 또 하고 싶은 것을 다수결로 정했다. 아이들은 '모자 장수 이야기' 동극을 다시 하기로 했다. 역할영역에 있는 모자만으로도 동극은 그대로 재연된다.

"모자 사려." "모자 사려."

"끼끼 끼끼." "끼끼 끼끼." 아이들은 봄에 했던 동극을 기억하고 해낸다.

"인하가 원숭이할 때 웃겼지요?"

"선생님도 원숭이처럼 해봐요."

내가 원숭이 흉내를 내자 아이들은 까르르 웃는다.

모자 장수도 해보고 원숭이도 해보고, 원숭이 가면이 없어도 아이들은 이미 원숭이 같다.

졸업식을 준비하는 아이들 얼굴에서 자신감이 보인다. 처음 어린이집에 와서 적응을 못하고 울며 엄마를 찾았었는데, 이렇게 커서 자신감 있는 모습을 보이니 보람을 느낀다.

'헤어지고 싶지 않은 이 슬픈 마음 어쩔 것인가?'

가장 예쁜 나이 네 살, 다섯 살. 어리지만 기회만 주면 뭐든지 할 수 있는 나이이다. 단지 어른들이 기회를 주지 않는 건 아닐까? 졸업식을 아이들과 함께 준비하며 다시 한 번 아이들의 무한한 가능성을 느낀다.

아이들에게 의미 있는 졸업식이 되기를 바라며
준비한 오늘
마지막으로 자신들의 작품으로 장식한 어린이집
형님과 동생이 송사와 답사를 합창하며
씩씩한 목소리로 자기소개를 하고

연극배우도 되고 동생들에게 자신들의 기량을 뽐낸다.

마지막으로 입맞춤 노래로 졸업식을 마친다.

"이제 선생님 못 봐요?"하며 울던 아이들이 지금도 눈에 선하다.

입맞춤 노래를 부르며 잘 자라 준 아이들의 고마움에 울컥하여 피아노 반주를 끝까지 하지 못했던 2월의 마지막 날…….

지금도 길에서 만나면 훌쩍 큰 모습으로 나를 기억하면서도 모르는 척하는 모습이 귀엽고 예쁘다.

잘 자라주어 아이들에게 고맙고, 감사하다.

참재미 안산어린이집

8년간 근무하던 남산 유치원 원장님이 유치원 물건을 기증해줄 터이니 유치원을 운영해 볼 것을 권했다. 유치원에 있는 물건들이 모두 내 손을 거쳐 간 것을 알기에 제안을 한 것이다.

나는 작은 규모로 시작할 수 있는 어린이집을 운영하기로 했다. 개원할 어린이집을 찾는 과정에서 여러 가지 생각이 들었다.

'가장 좋은 어린이집의 우선순위는 무엇일까? 아이들이 행복한 어린이집은 어떤 곳일까?'

한 곳은 원의 내부가 컸지만 상가 2층이라서 바깥놀이를 할 수 없었다. 또 다른 곳은 원의 내부는 작았지만 원 뒤로 산과 연결되어 있고, 단지 안에 놀이터가 세 개나 있었다. 자연과 함께 지낼 아이들을 상상하며 두 번째 어린이집을 선택했다.

좋아하던 동요 김성균 교수님의 '참 재미있었지', 여기서 '참재미'는 나의 철학이 담긴 함축적인 말이다. 아이들이 진정한 놀이로 재미를 느낄 수 있는 어린이집을 만들고자 하였다. 그래서 '참재미 안산어린이집'이라는 이름으로 개원했다.

나는 교육 담당으로 햇님반 선생님과 원장을 동시에 하였다. 원장 역할을 전적으로 해야 하지만 운영보다는 교육을 담당하는 것이 나에게 맞았다. 운영원장 역할은 남편이 도왔다. 아이들은 남편을 '원장선생님'이라며 잘 따랐다. 남편은 예쁜 아이들을 보면서 시간을 내어 체육수업도 해주고, 보육교사 자격증까지 취득하는 열정을 보였다.

어린이집에서 있었던 수많은 에피소드가 내 머리를 스치고 지나간다.

집에서 엄마한테 혼난 5살 우진이가 "택시타고 햇님반 선생님 집에 갈 거야. 택시비 줘."

우진이엄마는 "선생님, 우진이가 어쩌면 이럴 수 있어요?"하며 웃음 섞인 목소리로 말했다. 우진이엄마의 모습은 우진이에게 서운하면서도 나를 신뢰하고 존중하는 듯하다. 어린이집에서 일인 다역을 할 수 있었던 것은 몸이 지쳐도 아이들의 이런 모습에서 힘이 났고 보람을 느꼈기 때문이다.

주말마다 쓰는 마주이야기에 일주일 동안 있었던 아이의 에피소드를 적어서 보냈다. 부모는 답장을 해서 다시 원으로 보냈다. 그렇게 쌓인 마주이야기는 한권의 책으로 남는다.

"선생님! 마주이야기를 세은이 시집갈 때 주려고요."

이 작은 책자에 어린이집의 이야기를 모두 열거할 수 없어 아쉽다.

아이들의 반찬을 최고 좋은 재료로 정성껏 해주신 시어머니와 응원해 준 시댁 식구들
힘들고 지칠 때 언제나 힘과 용기를 준 친정 식구들
어린이집을 신뢰하며 따라준 학부모님들
작은 원장님이라고 불린 현준이와 호준이
항상 버팀목이었던 남편
마지막으로 예쁘고 사랑스러운 아이들
봄, 여름, 가을, 겨울 사계가 아홉 번 지났고,
모두의 사랑♥이 있었기에 참재미 안산어린이집은 행복했다.

나는 대학교 강의를 하면서 나의 부족함을 알게 되었고, 박사과정을 시작하게 되었다. 남편은 회사에 다니면서 취미로 하던 악기를 본격적으로 배웠다. 우리는 학생부부가 되어 어린이집을 더 이상 운영할 수 없었다. 어린이집 마지막 날 예지어머니가 감사패를 주었다. 그 어떤 상보다도 의미 있는 최고의 상이다. 지금도 감사패를 보면 가슴이 뭉클하다.

참재미 안산어린이집이 그립고, 아이들이 보고싶다.

무슨 띠?

선생님! 무슨 띠?
선생님은 돼지띠
에이
토끼띠하지

난 노란띠
안 물었거든

아직도 생생하게 들리는 너희들 목소리
너희들이 하는 말은 언제나 시였는데
그래서 행복했고 아직도 이런 행복한 기억으로 선생님은 행복해.
그립다.
보고싶다!

이야기 넷

아이들도 나도 성장 중

초코파이와 야쿠르트

나는 대학을 졸업하자마자 유치원교사가 되었다. 처음 맡은 반은 '무궁화 1반'. 7세 아이들 40명이 나의 첫 아이들이었다.

아이들을 만난 첫날 정신없이 하루를 보냈다. 아이들의 이름도 기억나지 않고, 얼굴도 익숙하지 않고 혼자 분주했다. 모두 나를 쳐다보지만 나는 아이들 앞에서 기가 죽어서 횡설수설했다. 하원할 때 집에 가는 차량과 시간은 아이들 수만큼 복잡하다. 누가 어떤 차를 타야하는지 이름과 얼굴을 모르니 확인하고 또 확인하고 계속 반복하니 아이들도 나를 물끄러미 바라본다. 아이들이 모두 집으로 간 뒤에야 나는 긴장이 풀렸다.

다음날 원장님은 나를 조용히 부르시더니,

"정연이를 무궁화 1반으로 해달라는데 박선생이 좀 맡아줘."하시며 내게 정연이의 원서를 건넸다. 나는 어쩔 수 없이 정연이의 원서를 받고 출석부에 정연이를 기록했다.

다음날 원장님은 나를 또 부르셨다. 이번에 서준이를

또 맡아달라는 것이었다. 원장님의 부탁을 거절한다는 것은 초임교사인 내게 어려운 일이었다. 할 수 없이 출석부에 서준이를 또 써넣었다. 일주일이 어떻게 지났는지 정신없는데 금요일 아침 원장님은 마지막이라면서 예은이의 원서를 또 건넸다. 나는 한숨이 나왔다. 이번만큼은 거절하고 싶지만 마지막이라고 하니 받아들였다. 일주일간 나는 3명의 아이들을 더 맡게 되어 40명에서 43명이 되었다.

43명의 아이들과 하루하루가 전쟁이다. 대학을 갓 졸업한 초임교사가 7살 아이들 43명과 함께 지낸다는 것은 어려움 그 자체이다. 그러다 보니 실수의 연속이다. 떠드는 아이들에게 윽박지르고, 아이들에게 하면 안 되는 무언의 압력으로 무서운 얼굴 표정을 지었다. 내가 아이들에게 하는 교육이 잘못된 것이라는 것을 알았기 때문에 더 힘들었다. 그래서 나는 죄책감에 빠지고, 내 스스로 역부족이란 생각에 괴로웠다.

일주일쯤 지나 원장님은 또 나를 불렀다.

"현민이 동생이 오빠만 찾고 울어서 현주를 박선생이 당분간 함께 데리고 있어야겠어." 나는 당황스러웠지만 원장님께 나의 입장을 말할 용기가 나지 않았다. 무궁화 1반은 7살 반인데 6살 현주까지 맡게 되었다. 한 살 어린 동생까지 맡았으니 교실은 말이 아니었다. 다행히 현주는 울지 않았다.

"현주야. 울면 다시 진달래반으로 가야 돼." 지금 생각하면 정말 하지 말아야 할 협박으로 울음을 그치게 했다. 울면 다시 자기 반으로 가야 한다는 것을 느끼고 현주는 참았던 것이다. 현주의 마음을 어루만져 주지 못한 것이 미안함으로 남았다.

오후에 한숨 돌리고 교무실에 겨우 엉덩이를 붙였는데, 경윤이어머니에게 전화가 왔다. 경윤이는 차분하고 얌전해서 내가 챙겨줄게 없던 아이였다.

"선생님! 오늘 경윤이가 간식을 못 먹었대요." 나는 순간 멍했다.

만약 내 아이가 유치원에 갔는데 혼자만 간식을 먹지 못했다면 무척 속상했을 것 같은 생각에 마음이 아팠다. 경윤이어머니에게 아무 말도 못 했다.

'오늘 남은 간식이 없었는데요.'라고 말이라도 했어야 했나? 하지만 아무 말도 생각나지 않았다. 경윤이어머니는 내 마음을 알았는지 전화를 끊기 전에 경윤이는 원래 과자 안 좋아한다면서 나에게 힘을 주셨다.

"선생님! 혹시라도 다른 아이가 간식을 못 먹고 집에 가서 얘기하면 선생님이 곤란하실 것 같아서 용기를 내어 말씀드렸어요."라며 전화를 끊는다.

경윤이어머니의 배려심에 더욱 속상하고, 마음이 아팠

다. 지금도 잊을 수 없는 이름은 최경윤이고, 그날 간식 초코파이와 야쿠르트는 내 마음 속에서 지울 수 없다.

그것이 나에게 초심이었을까? 나는 그것을 계기로 나를 돌아보게 되었고, 내 상황이 대학교 때 배운 것과 다르지만 나는 좋은 선생님이 되려고 노력했다. 그리고 1년이 지나 44명 아이들을 하나도 놓치지 않고 졸업시켰다. 보람되고, 뿌듯하고 누구보다 나를 돌아보게 해준 경윤이어머니에게 감사하다. 지금도 가끔 힘들 때면 초코파이와 야쿠르트를 떠올리며 그때를 생각한다.

동화나라 속으로

어린이집에서 하루도 빠지지 않고 매일 하는 것이 선생님이 동화를 들려주는 것이다.

선생님은 상냥한 엄마도 되고, 굵은 목소리의 아빠도 된다. 무서운 도깨비나 괴물이 등장하면 더욱 굵은 목소리로 아이들을 깜짝 놀라게 해야 한다. 씩씩한 오빠 목소리와 깜직한 동생 목소리, 또랑또랑한 언니 목소리 등 이렇게 다양한 목소리를 구사해야 한다.

그러다 보니 동화책을 읽어주다가 목소리가 헷갈리기도 한다. 동화책을 중반쯤 읽으면 아이들은 이야기 속으로 빠져든다. 그런데 순간 엄마 목소리를 해야 하는데 나도 모르게 아이의 목소리가 나온다. 목소리를 잘못 구사했음에도 아이들은 그러려니 하고 동화 속에 빠져든다. 교사의 실수까지 이해해 주는 아이들을 보면 대견하기도 하고 고맙다.

아이들이 가장 좋아하는 동화는 '아기돼지 삼형제'와 같은 명작동화와 '흥부와 놀부' 같은 전래동화다. 읽어달라는 책이 며칠 동안 매일 똑같을 때도 있지만 계속

읽어준다. 그날 기분에 따라서 느낌이 다르고, 경험에 따라서 같은 내용일지라도 다르게 느낄 수 있기 때문이다.

오늘은 '봄'이라는 주제에 어울리는 '커다란 무'라는 동화를 들려주었다. 할아버지가 봄에 씨앗을 뿌리고 수확하는데 아주 커다란 무 한 개가 열려서 그것을 뽑는 과정에서 여러 등장인물이 나오고 서로 협동하여 무를 뽑는 내용이다.

아이들은 할아버지, 할머니, 영이, 멍멍이, 야옹이가 등장할 때마다 이번에는 꼭 무가 뽑힐 거라고 기대하며 "영차, 영차."를 외친다.

그래도 끝까지 안 뽑히자 실망하려는 순간 아주 작은 덩치의 생쥐가 등장한다.

"에이. 조그만 생쥐가 어떻게 도와줘?"라며 아이들은 기대하지 않는다. 나는 아이들에게,

"과연 작은 생쥐가 무를 뽑는데 힘을 줄 수 있을까?"라고 묻는다.

"시시해."

"아니야 힘 센 생쥐도 있어."

"안 뽑아질 거야." 그래도 나는 아이들에게 힘주어 말한다.

"자, 그럼 다함께 영차 영차 해볼까?" 아이들은 큰 소리로 외친다.

"영차, 영차."

"이게 웬일일까?"

"와! 쑥 뽑혔다." 아이들 얼굴에는 환한 웃음과 함께 시원함이 느껴졌다.

"거봐. 내가 생쥐가 할 수 있다고 했지?" 생쥐 편을 들었던 아이들은 의기양양하다.

동화를 모두 들려주고 다시 동화 내용을 회상하는 시간을 갖는다. 맨 처음 씨를 뿌린 할아버지가 등장하고, 무를 수확할 때 뽑히지 않아서 할머니와 영이, 동물들을 차례로 불렀던 것을 기억한다.

기억만으로도 재미있는지 "멍멍이가 먼저 나왔어.", "아니야 야옹이야." 서로 다투기도 한다. 회상이 끝나면 아이들은 동극을 하자고 조른다.

"나는 순이 할래."

"나는 멍멍이."

"나는 야옹이."

"나는 찍찍이."

"할아버지랑 할머니는 누가 하지?"

"아직 역할을 안 맡은 은성이가 할까?"

"싫어. 나도 멍멍이 할래."

"그럼 어떡하지? 모두 하고 싶은 역할이 있잖아."라고 말하자 지수가 제안한다.

"가위 바위 보로 정해요."

"그래, 그거 좋은 방법이다." 가위 바위 보로 정했다. 하지만 그래도 진 친구들은 기분이 좋지 않다.

"하람이가 영이 하고 싶은데 못해서 속상하구나?"

"우리 한 번 하고 또 번갈아가면서 역할을 바꿔서 하면 어떨까?"

"그래요." 아이들 의견을 조율하는 것은 쉽지 않다. 그래도 아이들 하나하나의 의견을 존중할 수 있도록 최선을 다한다.

아이들은 신이 나서 자기가 맡은 역할을 그리기 시작한다. 멍멍이는 강아지 그림을 그려서 머리에 붙이고, 할아버지는 어느새 역할영역에 있는 챙이 넓은 모자를 가져온다. 그러고 보니 커다란 무의 역할이 빠졌다. 모두 무 역할은 싫다고 한다. 할 수 없이 커다란 무는 내가 맡았다.

할아버지를 맡은 지원이부터 나와서 씨를 뿌린다. 나는 커다란 무가 되어 보자기를 쓰고 할아버지 앞에 쪼그리고 앉는다. 할아버지가 된 지원이는 무를 뽑을 때 내 머리를 흔들기 시작한다. 지원이는 재미있는지 흔들고 또 흔들고 나는 뽑히려다가 말고 또 주저앉기를 여러 번 반복하면 아이들은 점점 동극에 몰입하기 시작한다. 차례로 나와서 나를 흔드니 나는 어질어질하다. 그래도 아이들 웃음소리에 나도 재미있어 웃는다.

이렇게 동화를 읽어주고 동극으로 연결해서 극놀이를 마친다. 그것이 끝이 아니라 자유놀이 시간에 '커다란 무' 놀이는 계속된다. 무가 된 아이들은 나의 모습을 그대로 흉내 내며 동극을 한다. 역할을 맡는 것도 자연스럽게 정해지고 서로 번갈아 가며 하는 것이 보인다. 어느새 서로 배려하는 것을 알게 된 듯하다.

동화는 우리가 경험하지 못하는 미지의 세계로 데려다주고, 몰랐던 것도 알게 해 주고, 슬퍼서 눈물 나게도 한다. '성냥팔이 소녀'를 읽어주는데 눈물을 글썽이던 지현이, 다섯 살 어린 나이지만 감성이 풍부한 아이도 있다는 것을 알았고, 더욱 마음을 담아 진지하게 동화를 읽어주어야겠다고 생각했다.

거짓말을 하면 피노키오처럼 코가 길어지는 줄 알고 자기 코를 만지면서 확인하는 아이들 현실과 상상의 세계를 왔다 갔다 하는 것이 아이들의 발달 과정인 것을 알지만 그 순수함에 나마저도 아이들처럼 순수해진다.

오늘은 또 어떤 상상의 나라로 떠날까?

오늘도 아이들의 감성에 감동받아서 나의 감성도 자란다.

언어의 마술사 〈산새〉

나는 매일 아이들을 데리고 뒷산에 갔다. 밖으로 나가자고 하면 무조건 좋아하는 아이들이다. 매일 매일 변하는 바깥세상은 아이들에게 호기심 덩어리다. 나갈 준비를 권유하기도 전에 문 앞에 서서

"선생님! 옷 다 입었어요."

"신발 다 신었어요." 신발은 양쪽이 바뀌고, 잠바를 거꾸로 입어서 모자는 엉덩이 밑으로 내려왔다. 그래도 빨리 가자고 조르는 눈으로 나를 본다.

아이들과 산에 들어서자 새소리가 들린다. 하지만 새는 보이지 않는다. 조금 더 올라가면 또 다른 새소리가 들린다. 새소리와 함께 지저귀는 아이들의 이야기는 끝이 없다.

나는 아이들에게 묻는다.

"얘들아! 새들이 뭐라고 하는 거야?"

"새들이 우리 어디 가냐고 물어봤어요."

"그래서 뭐라고 대답했어?"

"산에 간다고 했어요."

“와! 우리 동현이 새하고 얘기할 수 있구나.”

뿌듯해하며 웃는 동현이. 산을 한 바퀴 돌아 어린이집에 왔는데, 산에 올라갈 때 그 새소리가 또 들렸다. 아이들은 흥분하며

“선생님! 우리 어린이집까지 새가 따라왔어요.”

그 새는 우리가 산에 오를 때부터 계속 그 자리를 지킨 것 같다.

“애들아, 산새가 우리랑 친구하고 싶은가봐.”

한 편의 동시가 탄생하는 순간이다.

내가 생각할 수 없는 것을 상상하는 아이들이다. 아이들의 이야기를 하나하나 모아 지은 동시는 지금도 나를 가슴 뛰게 한다. 그냥 아이들의 말을 연결했을 뿐인데 아름답다.

나도 모르게 중얼거리게 되는 아이들의 이야기!

언어의 마술사 〈나비〉

오늘도 산에 들어서자마자 아이들의 마술은 시작된다. 산 입구부터 나비 한 마리가 우리 주위를 맴돈다. 오늘의 주인공은 나비다.

"선생님! 나비가 우리를 자꾸 따라와요."

"우리가 꽃인 줄 아나 봐요."

나는 아이들의 말을 계속 들으며 귀를 쫑긋하지 않을 수 없다. 왜냐하면 다음에는 어떤 얘기가 나올지 궁금하기 때문이다.

"우리가 어떻게 꽃이냐?"

다른 친구가 되묻는다.

"아! 내 옷에서 나는 냄새 때문이야."

정민이 옷에서 향기가 나는데 정민이도 그 냄새를 느꼈나 보다. 정민이에게 늘 나는 향기다.

"아니야 내 얼굴에서 나는 냄새 때문이야."

"승훈아! 얼굴에서 무슨 냄새가 나는데?"

"우리 아빠가 아침마다 뽀뽀해서 아빠 로션 냄새 나요."

"선생님! 아니지요?"

"나비가 우리랑 놀고 싶어서 그치요?"

아이들 입에서 나오는 말들은 나를 놀라게 한다. 연결만 해도 동시가 되는 마술! 어린이집에 오자마자 동시를 이어간다. 같은 산이지만 매일 매일 이야기 거리가 다르고, 호기심에 따라 내용도 창의적이다. 아이들은 역시 언어의 마술사다. 내가 교사로서 힘들고 지칠 때 힘이 되는 아이들의 마술 같은 이야기를 그냥 지나친다면 그것은 슬픈 일일 것이다.

나비

햇님반 친구들 지음

선생님!
나비가 우리를 따라와요.
우리가 꽃 인줄 알고
옷에서 나는 엄마냄새 때문일까?
아니면
아빠 볼에서 묻은 로션 때문일까?
아니야 아니야
나비도
우리랑 놀고 싶은가봐요.

어느 날

바깥놀이를 나갔는데 아이들의 머리가 보이지 않는다. 모두 땅에 있는 개미를 찾으려고 머리를 숙이고 쪼그리고 앉아 있다. 나는 '어느 날' 개미 노래를 부르며 아이들과 개미를 찾았다. 개미들은 끊임없이 줄지어 집으로 들어갔다 나왔다 한다.

"선생님! 개미가 왜 계속 나와요?"

"글쎄, 왜 개미가 계속 나오지?"

나도 아이들처럼 궁금하다.

"그 안에 개미집이 있잖아요."

"맞아. 개미집 안에 개미들이 같이 살아." 승호는 고개를 저으며,

"아니야. 개미 만드는 기계가 땅 속에 있어." 나는 아이들의 궁금증을 풀어주고 싶어서 제안한다.

"우리 어린이집에 가서 개미 책 찾아볼까?"

바깥놀이에서 개미들의 움직임을 보며 아이들은 개미에 관심을 갖게 되고, 개미 놀이에 빠진다. 개미 책을 보면서

"개미집은 땅속이잖아. 여왕개미 방도 있고, 일개미 방도 있고, 같이 모여서 살잖아."

"아아! 그래서 개미가 땅속에서 계속 나오는 거구나." 하며 몰랐던 것을 책을 보면서 알게 된다.

개미 손인형도 준비해주고, 개미와 관련된 책도 책보기 영역에 놓아둔다. 『어느 날』 개미 노래도 함께 부른다. 노래 가사를 알려주기 위해 그림 자료를 만들었다. 가사에 맞게 그린 그림을 차례로 넘기며 불러준다. 어떤 아이는 개미가 되고, 어떤 아이는 매미가 되고, 서로 역할을 정해서 연극도 한다.

"여보세요. 여보세요. 나 좀 살려주세요."라고 개미 역할을 맡은 친구들이 소리 지르자 매미를 맡은 친구들이 입을 모아 말한다.

"개미 소리가 뭐 이렇게 크냐? 개미처럼 작게 해야지?"

시연이는 친구들과 함께 만들고 싶은지 아이들에게 개미집을 만들자고 한다.

"우리 땅속에 개미집 만들자."

"어떻게 개미집을 만들어? 땅속이잖아?"

"땅위에 만들면 되지?"

"흙으로 덮을까?"

"그러면 개미가 안보이잖아."

"저걸로 만들까?" 미술영역의 재활용품을 가리키며 한

석이가 말한다.

"그래 저게 좋겠다." 아이들은 여러 가지 재활용품으로 여왕개미방도 만들고, 병정개미 방도 만들고, 책에서 본 것을 그대로 만든다.

"선생님, 여왕개미방이라고 써주세요."

나는 여왕개미방이라고 또박또박 써서 건넨다. 드디어 개미집 완성이다. 만든 개미집은 아이들에게 재미있는 놀잇감이 된다.

오늘 아이들이 개미에 흥미를 보이는 것을 보며 유아 인지발달이론을 체계적으로 연구한 스위스 심리학자 피아제(Piaget)가 떠올랐다. 피아제의 「구성주의」는 구성이라는 것은 자신의 내부에서 일어나는 동화와 조절과 평형화의 과정에서 생기는 것이다.

오늘의 일화를 돌아보면 땅속에서 개미가 나오는 것을 보고 아이들은 자신이 가지고 있던 경험을 떠올리며 상상한다.

'땅속에 개미 만드는 기계가 있기 때문'이라고 생각했던 아이는 교실에 와서 개미에 대한 책을 보고 기계가 개미를 만들어 낸다는 자신의 생각을 개미집이 있기 때문이라고 새로운 지식을 구성한다. 그러면서 '땅속에 개미집이 있기 때문에 개미들이 계속 들어갔다 나왔다를 반복하는 구나.'라고 개미에 대한 개념을 다시 머릿속에

정리하여 인식한다. 이러한 과정을 통해서 아이들은 자신의 지식을 하나하나 구성해간다.

피아제가 말하는 인지적 갈등으로 지식을 구성해 나가는 과정을 설명하면, 아이들이 무엇인가에 관심과 의문을 가지게 됨으로써 그 궁금증을 풀 수 있는 틀을 계속해서 만들어 간다는 것이다. 중요한 두 가지는 아이들이 능동적으로 지식을 만들어 간다는 것과 그것이 사회적 지식과 기술을 알게 하면서 스스로 사회에 적응한다는 것이다.

오늘 바깥놀이에서 아이들은 개미에 푹 빠졌고 궁금증을 해결하면서 개미에 대해 알게 되었다. 일상생활 속에서 관심 있는 것부터 알아가는 아이들을 보면서 아이들은 스스로 능동적으로 지식을 구성해 간다는 것을 느꼈다.

미리 알려주지 않아도 때가 되면 알고 싶은 욕구가 생기고 더 잘 받아들이는데 어른들이 인위적으로 지식의 틀을 자꾸 만드는 것은 아닌지 돌아본다.
나 역시 흥미로운 것에 관심을 갖는 것처럼

랄라 우리들의 소풍

어릴 때 가장 기억에 남는 것은 소풍이다. 소풍가는 날이면 전 날부터 기대감에 잠이 오지 않았다. 어느새 아침이 되어 눈을 뜨면 참기름 냄새가 코를 찌르며 나를 깨운다. 평소에는 엄마가 나를 흔들어 깨워야만 일어났는데 깨우지 않아도 고소한 참기름 냄새에 벌떡 일어났다.

'어린이집 아이들도 소풍날이 기다려지고 좋을까?'

어린이집 소풍날 아침이면 아이들 모습에서 내가 어릴 때 느꼈던 설렘이 보인다.

아이들의 가방검사는 필수다. 왜냐하면 가방을 메고 많이 걸어야 하고 스스로 챙겨야 하기 때문에 가방 안에 든 음식의 가짓수를 줄여야 한다.

『도시락, 과자 1개, 사탕류 1개, 뚜껑이 있는 음료수 1병만 보내주시기 바랍니다.』 이렇게 안내하지만 부모들은 어릴적 소풍 때 가방 가득 챙겨갔던 기억을 하는지 아이들 가방은 무겁다. 아이들에게

"무거우니까 원에 두었다가 소풍갔다 와서 먹자."라고 선생님은 설득한다.

"들고 갈 수 있어요."

"하나도 안무거운데? 나 힘센데."

여러 가지 이유를 대며 절대 먹을 것을 뺏기지 않는다. 아이들은 그냥 가방을 메고 출발한다.

추억의 게임인 『사탕 먹기』와 『과자 따먹기』는 소풍가서 빼놓을 수 없는 게임이다. 밀가루에 감춰진 사탕을 먹기 위해 쟁반에 얼굴을 파묻는 아이들, 겨우 입에 넣은 사탕을 오물거리며 좋아한다. 얼굴 가득 묻은 밀가루를 닦아내기 전에 서로 밀가루 묻은 얼굴을 바라보며 웃는다.

과자 따먹기는 예전처럼 끈에 하나씩 달기보다는 쉬운 방법으로 한다. 원에서 미리 낚싯줄에 구멍 난 쿠키를 아이들 수 이상으로 끼운다. 교사는 양쪽에서 아이들 수만큼 끼운 과자를 반씩 잡고 있다가 아이들 두 명이 출발선에서 반환점에 오면 동시에 하나씩 중앙으로 과자를 보낸다. 손을 대지 않고 먹기로 했다. 하지만 아이들은 손을 뻗어 과자를 잡고 입으로 넣는다. 반칙은 반칙일 뿐 친구보다 먼저 입에 들어간 과자가 맛있기만 하다.

게임이 끝나고 산책을 한다. 원 주변에서 볼 수 없는 나무와 야생화는 신기하다. 클로버 찾기도 하고, 토끼풀로 팔찌도 만든다. 떨어진 꽃잎들을 모아서 눈처럼 뿌리기도 한다.

오늘의 하이라이트는 『도시락』이다. 내가 어릴 때 소풍 도시락으로는 김밥이면 최고였다. 요즘 아이들 도시락은 꼬마김밥, 주먹밥, 볶음밥 등 각양각색이다. 토끼 모양의 주먹밥도 있고, 케첩으로 모양을 낸 하트 오므라이스까지 먹기가 아까울 정도다. 아이들의 도시락을 보고 있으니 엄마들의 사랑이 느껴진다.

아이들이 자기 도시락을 자랑하며 꺼내는 사이 구석에서 누가 볼까 살며시 도시락을 꺼내는 태윤이가 눈에 들어온다. 편의점 김밥이다. 순간 나는 아이들의 도시락을 보며 감탄하는 것을 멈추었다. 태윤이에게 미안했다.

나는 아침에 교사들 도시락을 준비하며 혹시 도시락을 준비 못한 아이가 있을지 몰라서 아이용 도시락을 하나 준비했는데 그것을 태윤이에게 주었다. 아직 동생이 어려서 엄마가 준비를 못한 듯하다. 선생님이 준비한 도시락을 받은 태윤이는 친구들에게 없는 새우튀김에 으쓱하다. 염려와 달리 밝아진 모습으로 먹는다.

처음 유치원교사일 때에만 해도 선생님 도시락은 부모님들이 준비해주었다. 어머니들이 보낸 김밥이 많아서 다 먹지 못했다. 그날은 김밥이 싫을 정도로 말이다. 지금 부모들에게 바라는 것은 아니지만 정이 없어진 느낌이다. 맛으로 먹기보다는 마음으로 먹는 것인데, 서운한 마음도 잠시 아이들은 자기 김밥을 선생님 입에 넣어준다.

도시락을 다 먹고 나면 『과자타임』이다. 여러 개 욕심내서 가져오고 모두 뜯어놓고 못 먹는다고 나를 부른다.

"선생님 이거 못 먹겠어요."

그래서 소풍 때 지퍼백을 꼭 가지고 간다. 거기에 넣어서 다시 가방에 넣어준다. 음료수가 뚜껑이 있어야 하는 이유도 남으면 어찌할 수 없으니까 그렇다.

아이들을 챙기며 밥이 입으로 들어갔는지 코로 들어갔는지 정신이 없다.

며칠 전부터 소풍 전에 아이들이 아프지 말기를, 날씨가 좋기를, 소풍 가는 길이 안 막히기를, 모두 안전하기를 바란다. 이렇게 계획대로 모두 마치고 원에까지 무사히 오면 끝이다.

아이들과 함께 들뜬 그냥 즐겁기만 한 하루

아이들이 다칠까 긴장한 하루

어린 마음에 자신의 도시락을 부끄러워하는 모습에 뭉클한 하루

많은 감정이 교차한 하루지만 또 가고 싶은 소풍이다.

요술쟁이 이면지

작품 전시회를 마치고 생각에 변화가 왔다.

그림을 그리는 것은 아이의 마음 표현이고, 정답이 없다고 생각을 바꾼 것이다. 그림을 그리는 그 시간만큼은 편하게 즐기는 시간으로 자유를 주어야 한다. 마음껏 창작의 시간을 갖도록 말이다.

종이에 선 하나를 긋고

"선생님! 이거 엄마에요."

'더 그려보자.'라는 말이 맴돌지만

"아, 엄마구나."

하나를 긋고 가방에 넣고, 또 다른 종이를 쓴다. 그래도 아이의 그림을 존중해주려면 종이가 아깝기는 하지만 조금 그린 그림도 모두 모아둔다. 그래서 부담 없이 아이들이 자유롭게 쓰고 버릴 수 있는 종이가 필요했다. 고민 끝에 부모들에게 집에서 안 쓰는 이면지를 보내달라고 했다. 버려지는 종이를 사용하면서 절약을 실천하고 그림도 그리고 일석이조다.

하루에도 몇 장씩 그려내는 아이들

그리다 가위로 오려서 구멍도 내고.

조각내어 소꿉놀이에서 돈이 되기도 하고.

접어서 부채도 만들고.

아이들의 이면지 사랑은 끝이 없고, 끊임없이 변신한다.

이런 아이들의 작품들로 작품전시회도 하고, 아이들의 공간이 채워진다면 선생님은 작품을 전시해야 한다는 부담감에서 벗어나고 마음이 편하고 행복할 것이다.

"선생님! 이거 햇님반 선생님이에요. 선생님 가지세요."

큰 눈에 긴 치마가 예쁘다.

졸업해서 유치원생이 된 은서 엄마한테 전화가 왔다.

"원장님! 유치원에서 우리 참재미 안산어린이집 아이들만 그림을 잘 그려서 유치원 선생님이 놀라셨어요."

"그럼요. 어머니가 늘 보내주시던 이면지의 힘입니다."

그림을 잘 그리게 하겠다는 목적은 아니었지만 이면지와 아이들의 그림그리기 놀이는 값진 시간이었음에 틀림없다. 지치지 않고 매일 매일 작품을 만들어 내는 아이들을 보면서 누구에게나 보이지 않는 열정이 있음을 느낀다.

옛 놀이의 반란

> 술래잡기, 고무줄놀이, 말뚝박기, 망까기, 말타기…
> 언제부터인가 골목길에서 아이들의 웃음소리가 사라졌습니다. 놀이도 함께 사라져 갔습니다. 놀이와 함께 아이들이 또 잃어버린 것은 무엇일까요? 〈EBS 놀이의 반란 중〉

'놀이의 반란'을 보면서 느끼는 것이 많다. 요즘 부모들은 체험학습을 가거나, 보드게임 등 학습적인 놀이를 해야 진정한 놀이를 했다고 생각한다. 물론 그렇지 않은 부모들도 많지만 안타깝다.

어릴 적 밖에 나가서 하루 종일 노는 것이 우리의 일상이었다. 학교 끝나고 집에 바로 가기 아쉬워서 가방에서 고무줄을 꺼낸다. 여자아이들끼리 모여서 고무줄을 한다. 다리를 쭉쭉 뻗어 올리고 점프하며 고무줄을 했다. 삼각 고무줄놀이는 3명이 술래가 되고, 장난감 기차 노래를 부르며 해가 지는 줄 모르고 고무줄을 했다.

"장난감 기차가 뛰뛰 떠나간다. 과자와 사탕을 싣고서 엄마 방에 있는 우리 아기한테 갖다 주러 갑니다."

노래하며 움직이면서 저절로 운동이 되었다. 지금처럼 운동을 특별히 배우지 않아도 건강했다.

한참 고무줄놀이가 재미있을 무렵 남자아이들은 고무줄을 끊고 도망간다. 여자아이들은 질세라 남자아이들을 쫓아 달리고 등짝을 한 대 내리친다. 그러다가도 언제 싸웠냐는 듯 주머니에 넣어가지고 다니던 조약돌 다섯 개로 공기놀이를 시작한다. 남자아이들은 여자아이들을 이길 수 없는지 땅따먹기를 제안했다. 놀이는 꼬리에 꼬리를 물 듯 계속되다가 어두컴컴해진다.

엄마에게 늦게 들어왔다고 혼날까봐 살며시 문을 열고 집으로 들어갔다.

"왜 이제 와?"

"지금 몇 시야?"

엄마는 소리를 크게 지르지만 매일 듣는 소리여서 무감각한 나는 조용히 씻는다. 엄마는 소리 한 번 지르고는 모른 척 눈감아준다. 이렇게 예전에는 아이도 부모도 놀이가 생활의 일부라는 것을 인정했다.

어린이집에서도 아이들에게 내가 경험한 재미있던 우리나라의 옛 놀이를 알려주고 싶다. 그래서 우리나라를 주제로 놀이 활동을 할 때 우리의 옛 전래놀이를 했다. 아이들이 시시해하고 어려워할 것 같지만 전래놀이를 즐기는 것은 아이들에게 큰 즐거움이다.

백문이 불여일견이라고 직접 가서 보고 경험하는 것이 좋을 것 같아서 남산골 한옥마을로 아이들과 견학을 갔다. 마당에는 다양한 전래놀이가 있다.

윷놀이, 그네타기, 널뛰기, 투호놀이, 전통 팽이치기...

아이들은 하는 방법을 잘 모르지만 각자의 방법으로 전래놀이를 즐긴다. 선생님과 짝이 되어 널뛰기를 한다. 우리 동네에서 볼 수 없는 옛날 춘향이가 타던 그네도 탄다.

"와! 줄이 어마어마하게 길어요." 앞으로 나가지 않으니 다리를 올렸다 내렸다 애를 쓰지만 선생님 도움 없이는 힘들다.

"팽이가 도토리 같아요."

"줄로 하면 안 되고 손으로 돌리면 잘된다." 아이들은 도토리 모양의 옛 팽이를 손으로 돌리면서 신기해했다. 손이 야무져서 뱅글뱅글 어찌나 잘 돌던지 놓을 줄 모른다.

"탑블레이드보다 재밌다." 아이들에게 인기 많은 팽이 탑블레이드보다 재미있다고 하니 흐뭇하다. 어린이집에 가서 아이들과 만들어 보고 싶은 생각에 벌써 기대가 된다.

옛 놀이에 빠지다

어린이집에서 우리의 옛 놀이를 계획했다. 일상생활에서 쉽게 구할 수 있는 재활용품을 이용해서 놀잇감을 만들기로 했다. 오늘은 우유팩과 신문의 재발견이다.

1L 우유곽 4개에 신문을 넣어 도화지로 포장했다. 4개의 옆 면 중에 위아래 면을 장식을 하여 윷을 만들었다. 윷놀이 동화를 들려주고 시작했다. 하지만 아이들이 말판 다루는 것은 쉽지 않다. 한 줄로 동그라미를 만들고 무조건 먼저 도착하는 팀이 이기기로 했다.

"이겨라! 이겨라!"

"도, 개, 걸, 윷, 한 칸, 두 칸, 세 칸, 네 칸."

"한 번 더, 한 번 더."

"도, 개, 한 칸, 두 칸."

"앗싸! 잡았고요."

잡히고 잡히면서 도착 지점에 도착하려다가 또 잡히고 만다. 그렇게 여러 번을 반복한다. 지고 이기고 승부를 가리기 전에 윷놀이의 즐거움에 빠졌다.

날아라 투호야!

신문의 끝을 손으로 쭉쭉 찢는다. 고사리 같은 조그만 손으로 찢어 놓은 신문의 길이가 모두 다르다. 찢어지지 않아서 울상이다.

"안돼요."

"가위로 해볼까?" 가위로 더 안 된다고 한다. 조금만 도와주면 언제 그랬냐는 표정을 지으며 잘 찢는다. 돌돌 말아서 테이프를 붙였다. 아이들이 돌돌 말았더니 금방 구부러지고 만다. 선생님이 다시 촘촘히 말아준다.

"이제 안 구부러져요."

"단단해졌어요."

알록달록 스티커를 붙여서 투호를 완성했다.

바구니에 투호를 던져서 골인을 시키는 시간이다. 준비선을 색깔테이프로 붙여 놓고 그 선에 서서 투호를 던진다. 선을 넘어가면 들어가도 무효다.

"와, 골인!" 하는 소리와 동시에

"앵, 안 들어갔네."

"또 노골."

"또, 또, 또"

아이들은 저마다 자신의 투호를 들고 던지듯 날린다. 하지만 투호가 생각보다 안 들어갔다. 아이들이 안 들어가서 실망하는 것 같아서 처음에 붙였던 준비 선을 앞으로 당겨서 다시 붙였다. 점점 앞에 붙이다 보니 나중에는 바구니에 투호를 던지는 것이 아니라 집어넣기이다. 그냥 팔을 벌려 집어넣고는

"와! 골인이다. 골인."하며 소리치고 좋아한다.

"인디안 와와와와와." 투호는 갑자기 인디언 창이 된다.

투호로 인디언이 된 준호.

요술지팡이로 변신시킨 지민이.

"선생님! 저 청소해요." 가영이는 먼지떨이개가 되어 청소하는 모습이다.

생각하지 못했던 투호가 아이들의 생각으로 다양한 놀잇감이 된다. 같은 물건이라도 새롭게 생각하여 융합하는 것은 창의성을 키우는 원동력이 아닐까?

병뚜껑의 변신

모아둔 병뚜껑은 모양이 제각각 다르다. 병뚜껑 하나만 있어도 재미있는 놀이가 가능하다. 구슬로 알까기를 하면 굴러가서 구슬을 잡기 바쁜데 병뚜껑 까기는 그럴 염려가 없다. 상자를 뒤집어 병뚜껑 까기가 시작된다.

다음은 병뚜껑을 이용해서 제기를 만들었다. 처음에는 병뚜껑만 넣어 제기를 만들었더니 가벼워서 제기가 되지 않았다. 생각 끝에 병뚜껑 안에 돌을 넣어 무겁게 만든다. 색습자지를 두 번 접어 가운데 붙은 쪽을 제외한 나머지 부분을 가위로 잘랐다. 다시 펴서 돌을 집어넣은 뚜껑을 색습자지 가운데 놓고 묶었다.

묶기 전부터 아이들은 차고 싶어 한다. 하지만 제기와 발은 따로 따로 제각각 춤을 춘다. 선생님도 따로 따로 춤을 추고, 아이들도 여전하다. 발로 차던 제기는 온데간데없고 제기 던지기 놀이가 된다.

"자, 받아."

"일루 던져야지. 절루 던지면 어떡하냐?" 교실에 있던 부채로 배드민턴 하듯 제기 치기를 하며 새로운 놀이법을 출현시킨다.

나는 쉽게 아이들이 제기 차기를 해볼 수 있도록 줄을 달아주었다. 아이들은 한 손에 줄을 잡고 연달아 제기를 차기 시작했다. 줄을 달아도 발과 제기가 따로 놀지만 제기가 도망가지는 않는다. 줄의 힘을 빌렸음에도 자신이 찬 듯 즐겁다.

우윳병 뚜껑은 높이는 짧지만 원이 넓다. 한옥마을에서 본 팽이가 어울렸다. 팽이를 만들기도 전 아이들은 무조건 돌린다.

팽이 시합이 시작되었다.

"이겨라, 돌아라, 잘 돈다."

"내께 이겼다."

"와! 이거 정말 잘 돈다."

"우리 바꾸자?" 내가 보기엔 똑같은 우유뚜껑인데 다른 친구의 떡이 커 보인다고, 뚜껑이 다르게 보이나 보다. 우유뚜껑에 유성매직으로 그리고 싶은 그림을 그린다. 아이들이 그린 다양한 그림이 팽이의 이름이 될 것 같았는데 아니나 다를까?

"난 꽃팽이."

"나는 피자팽이." 그림을 모두 그린 후에 뚜껑 가운데를 송곳으로 구멍을 낸다. 구멍에 이쑤시개를 꽂으면 팽이 완성이다. 그림이 모두 달라서 자기 팽이를 금방 찾을

수 있다. 이쑤시개에 찔릴 수 있으니까 양 끝을 가위로 잘라서 뭉뚱그려 주었다.

본격적인 팽이 시합이 시작됐다.

"이겨라, 이겨라, 우리 편 이겨라."

"이기는 편 우리 편." 편을 나눈 것도 아닌데 무엇이든지 돌리는 것이 취미였던 진서가 역시 잘 돌려서 '팽이왕'으로 친구들의 인기를 독차지 한다. 균형이 잘 잡힌 팽이가 잘 돈다는 것도 알게 되면서 과학자가 되기도 한다. 병뚜껑 팽이놀이 또한 승리에 관계없이 모두에게 기쁨을 준다.

아이들의 본능 '놀이'

어릴 때 엄마와 마주보고 재미있게 했던 공기놀이는 추억의 놀이이다.

예쁜 조약돌을 찾는 것도 아이들에게는 재미이다. 크기도 무게도 적당해야 공기가 잘 되기 때문이다. 하지만 우리 주변에 돌이 많지 않다. 산에도 바깥놀이에도 어릴 때 예쁘던 돌들이 어디로 사라졌는지 찾기 어렵다. 흙을 밟고 놀아야 하는 아이들에게 그런 공간이 많지 않다는 것이 아쉽다.

아이들은 바깥놀이에서 주운 제각기 다른 돌을 소중히 한다. 아이들의 공기놀이는 당연히 바보공기다. 바보공기는 다섯 개를 뿌린 후 한 알을 집어 던지고 받는 것이 아니라 던지고 바닥의 한 알을 잡으면 끝이다. 아이들은 바보공기가 시시한지 새로운 놀이에 도전한다. 손바닥에 몇 개 감추고 맞추기 놀이를 했다.

"몇 개개?"

"두 개."

"딩동댕. 몇 갤까요?"

"네 개."

"땡." 맞추기 놀이를 하다 어느덧 조약돌은 소꿉놀이의 접시에 과자가 된다.

"너 하나 먹고, 나 하나 먹고."

"다 먹었어요. 더 주세요." 시간 가는 줄 모르게 아이들은 옛 놀이의 즐거움에 빠진다. 보기에는 쉽게 보이는 칠교놀이도 인기 많은 옛 놀이 중의 하나다. 여러 가지 모양을 만들고 정사각형을 만들기 위해 머리를 맞대고 연구한다.

마지막 옛 놀이의 하이라이트는 불꽃놀이다. 밤도 아닌데 불꽃놀이가 가능할까? 옛날처럼 불꽃놀이를 할 수 없지만 아이들에게 불꽃놀이도 보여 주고 싶다. 모두 옥상으로 올라가서 불꽃에 불을 붙였다. 작은 불꽃을 보고 아이들은 환호성을 질렀다.

"와! 반짝거린다."

"나도 해볼래요."

"주세요."

"저두요." "저두요."

위험할 것 같아서 아이들 손에 주지 않았다. 그런데 아이들은 손에 든 것처럼

"앗 뜨거." "앗 뜨거." 난리다.

더욱 재미있는 것은 불꽃놀이 중에 불꽃은 잘 보이지

않고 소리만 내며 하늘로 올라가는 불꽃이 있다. 불꽃을 발사한 순간 아이들은 소리를 질렀다.

"엄청 크다. 불나겠지?"

"와! 신기하다. 어디 갔지?"

소리는 무척 컸지만 불꽃은 보이지 않고 금방 사라졌다. 하지만 아이들에게는 엄청 큰 불꽃이 보였다고 했다. 분명히 보이지 않고 소리만 나는 불꽃이었는데 아이들에게는 보였단다. 눈을 동그랗게 뜨고 불꽃을 보며, 큰 소리에 귀를 막고 신기해하던 모습이 생생하다.

아이들의 본능이자 인생을 바꾸는 놀이의 숨겨진 가치는 다 열거할 수 없을 정도로 많다. 놀이에 대해 다시 인식하고 잃어버린 놀이를 아이들에게 돌려주었으면 한다. 놀이는 아이들의 권리이자 삶 그 자체이기 때문이다.

나뭇잎 편지

"애들아! 나뭇잎 색이 왜 빨갛게 변했을까?"

"이건 노랗게 변했네."

현준이는 번쩍 손을 들고

"나뭇잎이 익어서 그렇게 변한 거예요."라고 말한다.

사과가 익으며 빨개지는 것처럼 나뭇잎도 익는다고 생각한 것이다. 아이들만이 할 수 있는 생각이다. 나뭇잎이 알록달록 물들어 하나 둘 떨어질 때 아이들과 나뭇잎 놀이를 떠난다.

나뭇잎이 예쁘게 물든 백련산에 갔다. 구불구불 산길을 지나 도착한 백련산에는 산마루까지 계단으로 되어있다. 조금만 올라가다가 내려 올 생각이다. 5살 햇님반은 괜찮지만 4살 달님반에게는 힘들기 때문이다. 하지만 계단 끝까지 올라갔다.

"내가 손 잡아줄까?"

"자, 너도 이 손 잡아."

한 살 큰 형님들은 동생들 챙기고, 동생들은 형님 손을 잡고 서로 의지하며 올라간다.

흐뭇한 선생님은 “애들아! 조금 남았어.”하며 용기를 준다. 내가 산의 정상에 올랐을 때 기쁨과 성취감을 느꼈던 것처럼 아이들도 그 마음인지 뿌듯해 했다.

계단 끝이 백련산의 정상은 아니지만 하늘이 보이고 공터가 있다. 모두 입을 모아 외쳤다. “야호.” 어디선가 “야호.” 어른 메아리 소리가 대답을 했다.

재미가 붙은 아이들은 목청껏 힘주어 소리 질렀다.

“야~ 호.”, “야아호.”

아이들의 소리에 어른 메아리도 신이 나서 대답한다.

“야~ 호.”, “야아호.”

나뭇잎을 밟으며 바스락 바스락 소리도 느껴보고, 나뭇잎을 한 줌 집어서 뿌린다. 나뭇잎 눈을 맞으며 즐거워하는 아이들은 나뭇잎을 밟고 뿌리고 던지기를 반복하며 가을을 느꼈다. 뿌리고 던지고 밟아도 뭐라고 하지 않는 나뭇잎은 자연이 주는 선물이다.

아이들은 조용히 앉아 아기 손가락 같은 빨간 단풍잎을 모으기 시작한다. 선미는 예쁘게 물든 단풍잎을 나에게 가지고 왔다.

“선생님! 이거 가지세요.”

“선생님도 어릴 때 나뭇잎 모았는데.”

“내가 주는 편지에요.”

“선미야! 단풍잎 편지 고마워.”

나는 아이들에게 나뭇잎 편지를 받고, 나도 아이들에게 나뭇잎 편지를 준다. 어느새 우리는 편지를 주고받으며 가을을 느꼈다. 친구에게 받은 소중한 나뭇잎은 어린이집에 와서 변신을 시도한다. 나뭇잎을 붙이고 그 위에 크레파스로 꾸민다.

자기를 꼭 닮은 토끼도 되고, 동생 닮은 귀여운 강아지로 멋지게 탈바꿈한다. 다른 나뭇잎은 책 속에 넣어 말린다. 빳빳하게 마르면 엄마 얼굴을 그려서 코팅을 한다. 어느새 세상에 하나뿐인 책갈피가 된다. 마지막으로 아이들과 동시를 짓고 나뭇잎 놀이를 마무리했다.

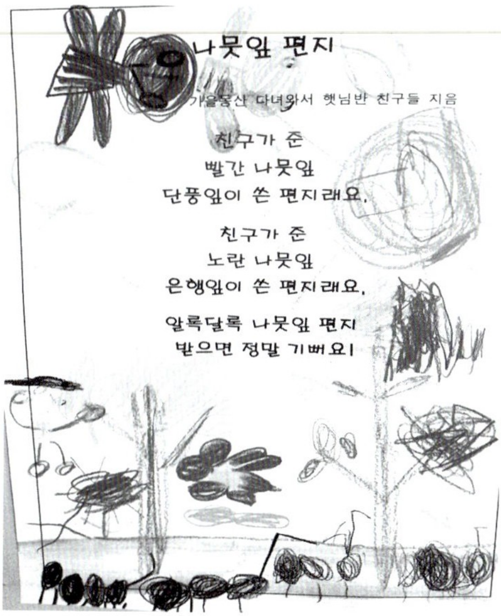

자연이 주는 경이로움에 항상 감탄하고 고마움을 느끼는데 자연은 아이들에게도 이런 기쁨을 주니 얼마나 고마운가?

시 배금가는 아이들

장남감이 없는 어린이집을 상상할 수 있을까?

A4 종이와 스카치테이프, 풀과 가위만 준비된 곳에서 아이들은 무엇을 할 수 있을까?

아이들은 딱지를 접기 시작했다. 같은 크기의 딱지를 접더니 작은 딱지, 큰 딱지, 두껍고 얇은 딱지 등 다양하게 접어서 시합을 시작했다. 처음에는 딱지 따먹기를 하더니 지칠 쯤 멀리 던지기도 하고, 딱지로 알까기도 했다.

나는 아이들이 장난감도 없이 딱지 하나로 신나게 놀이를 이어가는 모습에 흥미가 생겼다. 그래서 준비한 장난감을 꺼내지 않고 A4 종이로 계속 놀이가 이어지기를 기대했다.

이준이가 “선생님! 배 접을 수 있어요?”

“응 접을 수 있지.”

“가르쳐주세요.”

“그래 함께 접어 보자.” 나는 천천히 접는 법을 알려주었다.

아이들이 모여들었다.

"나도 접고 싶어요."

"나도 배 접을래."

이번에는 배를 접어서 배에 바퀴를 그리고 자동차 놀이를 했다.

배가 자동차로 탈바꿈하는 순간이었다.

우성이는 "자동차 길 만들자."

"어떻게 만들지?"

"찻길 만들면 되잖아." A4 종이를 이어서 연결한다. 그리고 그 위에 차선을 그리고 찻길을 만들어낸다. 3시간이 금방 지나갔다.

아이들은 정형화된 장난감보다는 자신이 만들어서 놀이로 이어지는 놀잇감을 선호한다는 것을 알았다. 로봇보다는 로봇을 조립해서 만들 수 있는 블록을 더 좋아한다는 영상을 본 적이 있는데, 실제로 아이들의 놀이를 보니 이해가 된다.

우유를 마시고 우유팩을 씻어서 말리고, 주스병, 요플래통, 과자 상자, 버섯팩, 휴지심 등 모두 모았다. 나는 유치원교사 시절부터 재활용품을 버리지 못했다. 상점에서 주는 전단지와 피자 박스까지 어떻게 사용할 수 있을지를 항상 고민했다.

우유팩은 주사위가 되기도 하고 저금통이 된다.

요플레통은 인형이 되고, 위아래 붙여서 소리 나는 마라카스도 된다. 주스병은 꽃병이 되고 과자상자와 두부 용기는 화면을 돌리면서 볼 수 있는 TV 박스가 된다.

피자 상자를 주었더니 상자 안에 피자를 그려서 놀이한 흔적이 있다. 만드는 것에 그치는 것이 아니라 놀이를 하며 성장하는 아이들이 대견하다. 어른들은 무언가를 사주어야만 놀이가 된다고 생각하고 물질로 아이에게 보상한다. 하지만 그것은 어른들의 짧은 생각이다.

어린이집을 다니던 민준이가 초등학생이 되어 어린이집에 들렀다. 자신이 미술시간에 만든 작품을 가지고 왔다. 유리병에 고무찰흙으로 바다 속을 꾸민 작품이었다.

"선생님! 이거 동생들 가지고 놀라고 주세요. 동생들 주려고 가지고 왔어요."

"와! 동생들 좋아하겠는데. 고마워."

어린이집 동생들은 서로 갖고 놀겠다고 다툰다. 그 모습을 보며 민준이는 흐뭇해하며 집으로 갔다. 민준이가 작품을 소중히 여기고 어린이집 동생들이 자기 작품을 가지고 놀도록 가지고 온 것이 대견했다. 어린이집 다니는 동안 아이의 작품을 존중하고 놀 수 있도록 배려하기를 잘했다는 생각이 든다.

재활용품을 모아둔 어린이집은 깨끗할 수 없다. 모아둔 재활용품은 여기저기 쌓여있다. 지저분하지만 그 안에서

아이들은 놀잇감을 만들고 놀이를 이어가는 것이다. 요즘 어린이집은 위생상의 이유로 청결을 강조한다. 조금만 어질러져도 참지 못하고 힘들어하는 교사를 보면 나조차도 마음이 답답함을 느끼는데 아이들은 어떨까?

아이들은 자유로운 분위기에서 자신의 생각이나 느낌을 창의적으로 표현한다. 친구들이 만든 것을 그대로 따라 하기도 하지만, 그 안에서 또 다른 것을 발견하고 새로운 것을 창작해낸다. 똑같은 것을 만들고 선생님이 만든 것을 그대로 만드는 것보다는 독특한 자신의 생각으로 만들 수 있도록 교사는 끊임없이 격려해야 한다.

놀잇감을 발명하는 것은 잘 하고 못 하고 정답이 없다. 단지 즐거움과 행복감을 주는 것이고 혼자만의 독특한 아이디어라면 이는 독창성도 함께 개발시킬 수 있다. 아이들이 틀에 얽매이지 않고 창의성을 길러줄 수 있도록 모든 생각을 존중하면서 자유로운 분위기를 갖는 것은 창의성 발달을 위해 필수적인 과정이다. AI 버금가는 아이들을 응원한다.

아이 자신만의 개성을 인정하고 격려하는 것은
현대를 살아가는 아이들에게
어른들이 주어야 할 유산이다.

꼬마 농부들의 수다

고구마를 심으러 농장에 가는 날이다. 농장에 도착하자마자 눈에 들어오는 것은 한쪽 귀퉁이의 작은 동물원과 나무로 만들어진 놀이터로 아이들의 시선을 금방 사로잡는다. 일단 고구마 심기가 오늘의 목표인데 작은 동물원에서 들리는

"꼬끼오, 꼬꼬꼬꼬."

닭의 환영사는 아이들의 걸음을 멈추게 한다.

"냄새 완전 지독해."

"와! 닭이랑 토끼다. 근데 닭이랑 토끼랑 친구가 될 수 있어요?"

"먹이 주고 싶다. 알은 어디 있지?" 아이들은 한참 눈을 떼지 못한다.

나뭇잎을 집어 넣어주며 말한다.

"많이 먹고 쑥쑥 커라."

나무로 만든 놀이터의 터널에 들어가고 시소도 탄다. 놀이터에서 재미있게 노는 것을 보면서 자연놀이터를 만든 농부아저씨의 아이들 사랑이 느껴진다.

『놀이터 프로젝트 3부작』에서 위험성이 전혀 존재하지 않은 놀이터는 좋지 않은 놀이터라는 인터뷰를 보았다. 우리나라 대부분의 놀이터는 예쁘고 안전하다. 하지만 외국 놀이터의 경우 위험하기는 하지만 그 속에서 아이들이 스스로 조심하면서 '위험에 대비할 능력'을 기르고, 창의성을 발휘하며 놀이를 즐긴다고 한다.

쓰러진 나무에 지렛대를 두어 시소를 만들고, 나무에 줄을 달아 그네도 만들고, 농부아저씨가 만들어 놓은 놀이터는 화려하지는 않지만 아이들이 무척 좋아한다. 농장의 놀이터는 자연 그대로 농부아저씨의 마음을 그대로 담고 있는 듯하다.

"자, 이제 고구마 심으러 가자."

"안 갈래요. 놀이터에서 더 놀고 싶어요."

"고구마 심고 또 올까?" 겨우 설득해서 아이들을 이끌고 고구마를 심는 긴 고랑을 따라 밭으로 갔다.

농부아저씨는 위로 올라 온 부분을 이랑, 움푹 들어간 부분을 고랑이라고 알려준다. 아이들은 농부아저씨가 알려 준대로 고구마 싹 한 뿌리를 움켜쥐고 이랑에 심기 시작한다. 장난 가득한 농부아저씨는 아이들에게 웃으며 말했다.

"얘들아! 오늘 고구마를 잘 심으면 집에 고구마를 가져갈 수 있지만 잘못 심으면 돌을 가져가야 해요. 그러니깐 잘 심어 보자!" 농부아저씨는 개구쟁이 목소리로 말한다.

아이들은 갑자기 심각해졌다. 고개를 갸우뚱거리며 쓰러진 싹을 올려 세우려고 애쓴다. "이 돌은 뭐지? 이걸로 고구마를 세워 볼까?" 혹시 돌을 집으로 가져가게 될 까봐 어쩔 줄 몰라 한다. 쓰러지지 않게 이리 저리 돌리며 세워지지 않으니 곧 울 것 같다.

"선생님! 안 세워져요."

"얘들아! 좋은 방법이 없을까?"

금방이라도 울음을 터트릴 것 같은 아이들에게 농부아저씨는,

"고구마는 옆으로 잘 눕게 놓아도 물을 주면 잘 자라니까 걱정 말아요." 아이들은 금방 웃음을 되찾았다.

마지막으로 잘 자라기를 기도했다.

"오늘 우리가 심은 고구마가 돌이 되지 않고 뚱뚱한 고구마가 되도록 해주세요." 농부아저씨를 따라서 합창한다.

"오늘 우리가 심은 고구마가 돌이 되지 않고 뚱뚱한 고구마가 되도록 해주세요." 합창으로 기도를 마쳤다.

날씨가 쌀쌀해져 수확시기가 되었을 때 우리들은 봄에 심은 고구마를 수확하러 농장에 갔다. 땅위로 조금씩 나온 고구마를 보고 감탄은 시작된다.

"와! 왕고구마다."

"땅이 너무 좁아서 꽉 껴서 위로 나왔어."

"내가 심은 거다."

농부아저씨가 아이들의 수고를 덜어주려고 밭을 미리 일궈 놓았는지 고구마가 조금씩 보였다. 호미를 들고 고구마 캐기를 시작했다.

아이들은 호미질을 하기보다는 고구마를 땅에서 꺼내는 수준이지만 수확의 감탄은 여기저기서 울려 퍼졌다.

"고구마가 진짜 뚱뚱해."

"내껀 날씬한데."

"이건 꼬부랑이 고구마다."

"이거 다 내가 심은 고구마 맞아요?" 바구니 한 가득 담긴 고구마에 아이들은 그저 흐뭇하기만 했다.

농부아저씨는 아이들 수만큼 고구마를 봉지에 담아 집에 가져가서 맛있게 먹으라고 아이들 손에 하나하나 쥐어 준다. 또 원에 가서 먹으라고 큰 봉지에 담아준다. 인심 후한 농부아저씨에게 감사 인사를 하고 어린이집에 왔다.

오후 간식 시간에 고구마를 삶았다. 삶은 고구마를 찧어서 으깼다. 고사리 같은 손으로 굴려서 동그랗게 만들었다.

"탱탱볼 됐네."

"그냥 먹을까? 그냥 먹고 싶다."

"얘들아! 하나씩 먹을까?"

아이들은 굴리던 고구마를 하나씩 입속으로 넣는다. 카스테라를 채반에 곱게 간다. 그 위에 손수 만든 동그란 고구마를 또르르 굴렸더니 경단이 된다. 생각보다 카스테라가 많이 묻지 않아서 물엿을 조금 묻혀주었더니 달콤한 고구마 경단이 되었다.

하나 먹고 또 먹고 자꾸 먹고 싶은 고구마 경단
아이들 입으로 쏙쏙쏙
우리들이 심고 캔 고구마라서 더 맛있고 달콤하다.

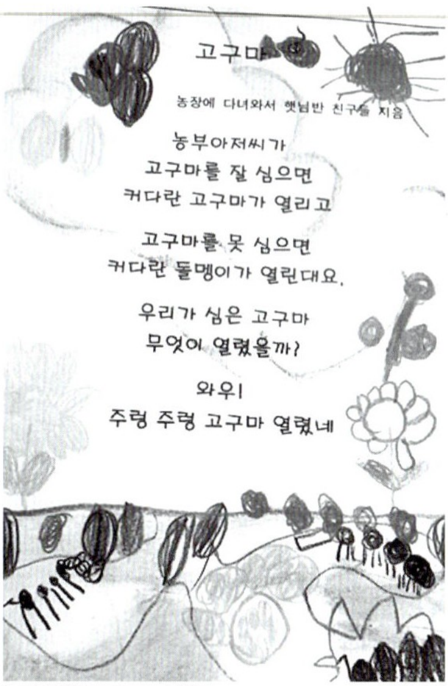

가루야 가루야

『밀가루 체험놀이 가루야 가루야』

'어린이집 아이들도 밀가루 놀이를 좋아할 텐데……'

하지만 체험비용이 만만치 않았다. 그래서 어린이집에서 '가루야 가루야' 놀이를 하기로 했다.

'가루야 가루야' 놀이를 계획하기 시작했을 때 두려움도 있었다. 많은 밀가루를 어디에 풀 것이며, 아이들이 흥분하면 걷잡을 수 없을 것 같다. 그러나 하얀 밀가루로 보고, 듣고, 만지고, 맛보고, 느끼는 오감놀이를 할 수 있는데 포기할 수는 없다.

어린이집 옥상에 밀가루 2포대를 김장비닐 위에 쏟았다. 맨발로 밀가루를 밟는 것으로 놀이는 시작되었다. 밀가루 그림도 그리고, 손가락으로 찔러보고, 뿌리고, 손으로 꽉 쥐고, 날리며 밀가루를 촉감으로 느낀다. 어느새 온 몸이 밀가루 범벅이다. 하얀 머리에 하얀 수염을 서로 묻혀주며 즐겁다.

말랑말랑 밀가루 반죽 놀이 시작이다. 커다란 볼에 밀가루를 넣고 물을 붓는다. 살살 섞어서 조물조물 반죽을

시작한다. 손으로 누르고 발로 밟고 함께 힘을 모으니 금방 반죽이 된다. 반죽 냄새도 맡고, 반죽을 치고 뒤집고 늘려보고 밟아도 보고, 반죽 위에서 음악에 맞춰 춤도 춘다.

커다란 반죽을 힘주어 들어본다.

"와! 무거워."

"선생님! 도와주세요. 안 들어져요."

"밀가루가 물을 먹어서 무거워졌나봐."

"우리 만들고 싶은 거 만들어보자."

피자, 강아지, 자동차, 목걸이와 팔찌 등.

아이들은 생각한 것을 뚝딱뚝딱 만들어 낸다.

두 팀으로 나누어 수제비를 만들었다.

"얘들아! 수제비는 많이 반죽할수록 쫄깃쫄깃 맛있어."

꽉꽉 누르고, 말랑말랑 주무르고 두 팀의 반죽 색깔이 다르다. 회색 빛 도는 팀의 수제비는 더 맛이 있는지 싹싹 먹는다.

밀가루에 물을 더하니 말랑말랑 반죽놀이
물을 더 넣어 끓이니 찐득찐득 풀이 되어 풀그림놀이

밀가루가 변하는 발견의 기쁨까지 준다. 손에 밀가루가 묻으면 난리가 나는 줄 아는 아이들이 갑자기 돌변하는 모습을 보며 선생님들도 함께 빠져든다.

깔끔이가 온몸에 밀가루 범벅을 해가며 노는 모습
발로 반죽을 하다 넘어져서 친구들의 웃음을 자아내는 모습
반죽해서 무거워진 덩어리를 들며 힘을 주는 모습
반죽 위에서 음악에 맞춰 춤추는 모습
동시를 지으며 밀가루의 느낌을 하나하나 기억하는 모습

밀가루 체험 '가루야 가루야'는
나와 아이들에게 소중한 추억인
동시에 발견의 기쁨이었다.

유치원 안 갈래

유치원교사가 된 2년차 유치원의 큰 행사인 작품전시회를 했다. 작품전시회는 해본 적이 없어서 생소하기만 하다. 전시회 준비를 위해 아이들에게 무리하게 그림을 그리게 하고, 만들기도 하게 하고 나조차도 정신이 없다.

"엄마 나 유치원 안 갈래."

"왜?"

"선생님이 자꾸 그림만 그리래."

나는 작품전시회 준비로 힘들고 지쳤다. 나의 지치고 힘듦은 아이들에게 그림을 그리게 하고 만들기를 강요하였다. 작품전시회를 준비한다고 교사는 입이 부르트고, 아이는 그림을 그려야 한다는 부담감으로 유치원에 오기 싫다는 반응을 보이고 서로 힘들었다. 의미 없는 작품전시회가 되어가고 있었다.

초임교사 시절 전시회 때 우리 반 아이들 작품만 초라한 것이 싫었다. 부모들도 자기 아이 작품만 본다. 아이들 그림의 반은 내가 그려준다. 바탕을 칠하지 않아도 아이가 한 만큼만 인정해 주면 되는데 꼼꼼하게 칠하라고 강요하거나 내가 대신 칠해준다. 아이가 해내지 못하면 만들기도 거의 만들어 주는 것이 나의 역할이었다.

부모는 전시회에 와서 아이의 작품을 보고 아주 잘 했다며 엄지 척! 최고라고 한다.

“선생님! 감사합니다. 형기가 이렇게 잘 그리는 줄 몰랐어요.”

“어머님 별말씀을요. 형기가 잘한 거예요.”

형기 엄마는 나에게 몇 번이고 감사하다고 인사를 한다. 나는 찔리기는커녕 내가 아이를 잘 가르친 것 같아 우쭐하다. 그때는 그것이 큰 잘못인 줄 몰랐다. 하지만 지금 돌이켜보면 절대 하면 안 되는 거였다.

‘작품전시회의 진정한 의미는 무엇일까?’

‘아이들이 자유롭게 능동적으로 작품을 만들고 전시하고 그들의 마음을 존중하는 것이 맞을까?’

“선생님, 그림 그리기 싫어요.”

아이들은 때로는 기분이 좋지 않은 날 그림을 그리고 싶지 않아 한다.

“오늘은 그리고 싶지 않구나! 그럼 다음에 할까?”

아이의 마음을 읽어주자. 오늘 하기 싫으면 다음에 그려도 되고 그 작품은 안할 수도 있다.

교사의 입장에서는 곤란할 수 있다. 부모님이 자기 아이의 그림만 없으면 속상할 것이다. 하지만 이제는 솔직하게

그날의 상황을 부모에게 이야기하고 이해시켜야 한다.

아이들이 그동안 그린 그림과 만든 것을 전시하고, 아이들이 이름도 쓰고, 그림 설명도 적어 그대로 전시한다. 자신이 직접 준비하고 만든 작품을 보며 아이들은 뿌듯하고 흐뭇해 한다. 그러면서 자존감이 큰 아이로 성장할 것이다.

이제 알았어

처음 너를 만난 날
나도 아이였는데

가르치는 것이 아니라
서로
배우는 거라는 걸
이제 알았어
그게
행복이라는 걸

하나라도 더 가르치려고 애를 쓰던 때 너희들도 힘들었지?
지금 너희들의 이야기에 귀를 기울이니까 서로 성장하는 것이 보인다.
우리 서로 행복한 거 맞지?

이야기 셋

일인다역 슈퍼우먼

엄마로서 첫걸음

유치원교사 3년 되던 해 나는 결혼을 했다. 결혼 1년 후 임신이 되었을 때 '유치원교사를 하면서 나와 아기의 건강과 임신 스트레스 등을 잘 조절할 수 있을까?'라는 불안감이 들었다. 걱정과 달리 동료들과 원장님의 배려로 임신 중 부모의 역할과 교사로서의 역할을 해냈다.

남편과 나는 아기의 태명을 '새롬이'라고 지었다. 아침에 눈을 뜰 때마다 감사함과 행복감은 하루하루 생기와 새로움을 주었기 때문에 새롬이라고 지었다. 드디어 10개월의 대장정을 마치고 새롬이를 건강하게 출산했다.

출산 당시 찢어진 눈과 솟은 머리를 보고 사람들은 보통이 아니라고 했다. 그래서 더 예쁜 소중한 보물이었다.

출산의 기쁨도 잠깐 출산휴가를 지내는 동안 마음이 편하지 않았다. 원에 두고 온 아이들과 내가 해야 할 일들을 빨리해야 한다는 의무감이 들었다. 세 반 규모의 작은 원이었기에 일손이 부족한 것을 잘 알고 있었다. 나는 예정했던 두 달을 채우지 못하고 출산 40일 만에 출근을 했다.

1997년 당시 어린이집이 많지 않아서 아이를 맡길 곳이 없었다. 친정엄마는 아이를 돌봐줄 터이니 일을 계속하라고 했다. 하지만 친정엄마는 지병이 있었기 때문에 불가능하다. 또 임신 전부터 아이를 낳게 되면 3년은 내가 키우겠다는 다짐이 있었기 때문에, 나는 유치원교사직을 그만두기로 결심했다. 그런데 내 마음대로 되는 것이 아닌가 보다.

"박선생, 내 나이가 이제 80이 넘었어. 앞으로 5년만 함께 해줘."라는 원장님의 부탁에 나는 그 자리에서 거절할 수 없었다.

"원장님! 애기가 너무 어리고, 누구에게 맡기기도 어려워요." 지금처럼 어린이집이 있다면 맡겼겠지만 맡길 곳이 없어서 고민이었다.

"그럼 내가 어떻게 도와줄까?" 원장님은 망설이는 나를 설득했다.

"애기가 어리니까 유치원 아이들이 하원하면 바로 집에 가요. 그리고 애기가 조금 크면 유치원에 데리고 다니면 되고." 원장님의 간절함이 묻어난다. 그 자리에서 바로 거절할 수 없었다.

"네, 남편과 상의해보겠습니다." 친정엄마는 현준이를 돌봐주겠다고 하지만 남편은 반대다. 엄마가 지병이 있고 나도 체력이 좋지 않은 것을 알기 때문이다. 앞으로 5

년이라는 원장님의 말이 맴돌아 내 스스로 5년만 해보겠다고 결정했다. 남편은 어쩔 수 없이 나의 결정을 따른다. 우리 가족은 친정부모님과 우리들 편의를 위해 친정 가까이로 이사를 했다.

아침 6시 30분이면 아버지가 출근하시기 전에 현준이를 데리러 왔다. 현준이는 아버지 등에 업혀 친정으로 갔다. 현준이를 엄마에게 맡기고 출근하면서 며칠 동안은 차안에서 눈물이 났다. 가장 마음 아팠던 것은 엄마도 아픈데 내 아이를 보게 한다는 것이 마음이 편하지 않았다.

유치원에 도착하면 유치원 아이들과 하루가 어떻게 지났는지 모른다. 아이들이 모두 하원할 무렵 4시쯤 퇴근을 했다. 집에 갈 때 짐이 한 보따리다. 원에서 하지 못한 일을 집에 가서 현준이가 잘 때 해야 하기 때문이다. 원장님이 믿고 맡겨준 만큼 책임감 있게 하고 싶었다. 지금 생각하면 힘들고 울고 싶을 때도 있었지만 열심히 살았던 추억의 한 장면이고 그때 그만두었다면 이 길을 걷고 있지 않았을 것이다.

지금도 100세 나이로 살아계신 원장님은 나를 알아보지 못하지만 내 목소리를 들으면 눈물을 흘리신다. 아마도 유치원 때를 회상하나보다. 나를 알아보지 못해도 매년 내가 원장님을 찾아뵈어야 하는 이유이다.

교사 & 엄마

유치원 퇴근시간이 되면 바쁘다. 한시라도 빨리 친정에 있는 현준이를 데리고 와야 하기 때문이다. 현준이는 나를 보자마자 할머니가 서운해 할 정도로 달려온다. 그런데 매일 그런 건 아니다.

서둘러 급하게 데리러 갔는데 친정엄마가 현준이를 데리고 외출하고 없으면 아쉬움이 남는다. 나는 정신없이 왔는데 아무도 없으니 허탈하다. 한참 후 돌아 온 현준이는 할머니와 재미있었는지 집에 안 가겠다고 한다. 그러면 기다린 것도 속상한데 서운하기까지 하다.

현준이를 설득해서 집으로 돌아오는 길에 현준이는 엄마와 시간을 보내야 하는 것을 아는지 금방 웃음을 찾는다. 그런 것조차 현준이가 나의 기분을 살피는 것 같아 안쓰럽다.

어느 날은 퇴근하려고 유치원을 나오는데 전화벨이 울린다.

"선생님! 유치원 지구회의를 하는데 원장님께서 안 오셔서 전화드렸습니다. 중요한 사항이라 원감선생님이라도 오셔야 하는데."라며 말끝을 흐린다. 나는 어쩔 수 없이 엄마에게 전화를 했다.

"오늘 갑자기 회의가 있어 늦어요." 엄마는 알았다고 전화를 끊지만 마음은 불편하다.

회의 끝나고 바로 집에 갔는데 남편도 야근이라 아직 회사였다. 그날따라 현준이가 고열이 나서 해열제를 두 번이나 먹은 후에 칭얼거리다가 막 잠이 들었단다. 엄마는 그냥 여기서 재우라고 한다. 집에 가면 밤에 열이 더 오를 수 있기 때문이다. 나는 왜 하필 오늘따라 회의에 남편은 야근인지 원망스럽다.

유치원교사를 하면서 엄마 역할을 못 하는 것 같아 죄책감이 들었다. 하지만 아이와 함께 있는 시간의 양보다는 질적으로 잘 해주는 것이 중요하다는 생각이 들었다. 그때부터 나는 아이와 함께 있는 시간이라도 알차게 보내기로 마음먹었다.

친정에서 집으로 오는 길. 초등학교 운동장에 가서 놀기도 하고, 놀이터에 가서 놀기도 했다. 비가 오는 날도 비가 그치면 물웅덩이에서 첨벙첨벙 물놀이를 하면서 옷이 모두 젖도록 재미있게 놀았다. 현준이는 겁이 많아서 미끄럼틀을 타지 못했다. 거꾸로 올라가는데 몇 달이 걸렸다. 어느 날 오르고 또 오르더니 드디어 미끄럼틀 꼭대기에 올라갔다. 나는 날이 어두워질 때까지 현준이와 놀

며 즐겁고 뿌듯했다.

이렇게 겁이 많은 현준이를 보면 시부모님과 친정부모님 모두 남편과 나는 안 그랬는데 누굴 닮았는지 모르겠다고 한다. 나는 속으로 웃는다. 내가 초등학교 2학년이 되도록 미끄럼틀을 못 탔었고, 겁이 많아서 제일 힘든 것이 체육시간이었는데 친정 부모님은 모르시나보다.

원에서는 아이들과 즐거운 시간을 보내고 집에서는 집안 청소는 조금 소홀하더라도 그 시간에 아이와 놀아주는 것을 원칙으로 삼으니 뭔가 정리가 되는 듯하다. 제자가 결혼을 하여 아이를 낳고 어린이집 교사와 병행할 수 있냐고 질문을 하면 나는 나의 경험을 말해주고 힘과 용기를 준다. 아이와 함께 있는 시간의 양보다는 질적으로 잘 해주는 것이 중요하다고 조언한다.

앨범 20권

현준이는 어릴 때부터 예민해서 우윳병을 빨다가도 티끌 하나에 혀를 내밀며 골라냈고, 한 번 울면 숨이 넘어갈 정도로 몇 초간 숨을 쉬지 않았다. 가장 힘들었던 것은 잠투정이었다. 잠이 들 때까지 바닥에 놓을 수 없을 정도로 계속 울었다.

남편과 나는 현준이가 제한된 공간 안에서만 있어서 더 예민한 것 같다는 생각이 들었다. 어린이집의 아이들도 교실에서는 원인 모르게 자지러지게 울다가도 바깥놀이 나갈 쯤 되면 언제 울었냐는 듯 울음을 뚝 그친다. 그래서 우리는 주말이면 현준이와 야외로 나갔다. 산, 공원, 호수, 놀이동산, 인형극, 미술관, 박물관 등등 무조건 나갔다.

주말 아침이면 "어야 가자."

밖으로 나가면 현준이도 다른 아이들과 마찬가지로 뛰어 놀며 자신의 에너지를 발산한다. 다양한 체험으로 생각에 그치는 것이 아니라 몸으로 느낀다. 여러 사람들을 만나면서 사회성도 좋아졌다. 예민했던 성격도 좋아지고

밖에서 활동하니 잠도 잘 잤다.

어릴 때 예민했던 현준이를 아는 사람들은 지금 어떻게 저렇게 넉살스럽게 변했냐고 한다. 매 주 아이를 데리고 나가는 것은 현준이 뿐만 아니라 우리에게도 기쁨이었다. 아이가 좋아하는 모습에 웃고, 어릴 때 해보지 못한 것을 어른이 되어 하면서 우리 부부 사이도 좋아졌다.

이렇게 함께 한 추억이 앨범 20권에 담겨있다. 지금은 사진을 컴퓨터에 저장하기 때문에 잘 보지 않아서 아쉽다. 가끔 앨범을 보면서 회상하며 웃는다. 아주 어릴 때 기억을 못 하면서도 아빠 엄마의 이야기를 듣고 자신의 이야기처럼 말한다. 교과서에 우리가 갔던 곳이 나오면 집에 와서 앨범을 찾는다.

앨범에 다양한 경험을 넣어 추억으로 남기기를 잘했다. 앨범의 사진은 잊을 수 있는 추억을 회상하게 해주기도 하지만, 과거에 느끼지 못했던 감사함을 느끼게 해준다.

단 1초

일인 다역 슈퍼우먼!

집에서 아내와 엄마, 어린이집에선 선생님, 그 외 며느리와 딸, 아줌마 등등 아침마다 전쟁이다. 밥이 코로 들어갔는지 입으로 들어갔는지 모른다. 현준이 준비물을 챙기고 돌아서는 순간 과제를 안했다는 둘째 호준이가 나를 물끄러미 바라본다. 연휴에 하루 종일 놀더니 당연한 것이다. 군밤 한 대 때리고 싶지만 꾹 참는다. 과제를 대강 긁적거려서 가방에 넣는다. 정리되지 않은 막내 호준이의 가방을 보면 머리가 어지럽다.

화장도 얼렁뚱땅 하고 이것저것 손에 잡히는 대로 가방에 넣어 집을 나온다. 급하게 어린이집에 도착한다. 모닝커피 한잔 마시고 싶어 커피를 내리는 순간 현관에서 들리는 소리.

"선생님! 지우 왔어요."하며 아이들이 등원하기 시작한다. 지우 눈에 눈물 흔적이 가득하다.

"엄마! 잘 갔다 와."하고 원에 들어오더니 다시 뒤돌아 "엄마, 엄마."하며 회사에 가는 엄마를 붙들고 늘어진

다. 일요일에 공휴일까지 겹쳐서 며칠 쉬었더니 지우는 엄마와 떨어지기가 더 어렵다.

"지우야, 엄마랑 헤어지는 게 속상하구나."

"싫어, 싫어." 나를 밀치고 엄마를 계속 부른다. 이미 지우 엄마는 불안한 마음으로 차를 타고 갔다. 갖은 방법을 동원하여 지우를 설득한다.

"지우야! 지난 번 했던 자동차 놀이 할까?"

"싫어. 싫어."

"지우야! 배고프면 선생님이 맛있는 것 줄까?"

"안 먹어, 선생님! 미워. 우리 엄마 보고 싶단 말이야."

보채는 것이 잠에서 덜 깬 듯하다.

"선생님! 업자." 지우는 살며시 등 뒤로 와서 업힌다. 나는 노래를 부르며 어린이집 뒤뜰로 나간다. 오늘따라 새파란 가을 하늘이 청명하다.

'물감을 부어놓았다는 것이 이런 것을 두고 하는 말인가?'

'왜 나에겐 하늘 한 번 쳐다볼 수 있는 여유가 없는 것일까?' 지우는 어느새 잠이 들었다. 지우가 잠이 들어 축 쳐져서 팔이 아프다.

내 아이도 지우만 할 때 이렇게 업어주고 달래준 적이 없는데, 나는 지우를 정성을 다해서 안아주고, 업어주고, 달래준다. 나는 엄마이기 전에 교사였기 때문에 아이를 맡기고 출근하기 바빴고, 아이가 엄마랑 함께 있고 싶다고 해도 달래거나 안아준 기억이 없다. 내 아이에 대한 미안함과 안쓰러움이 느껴진다. 오늘 아침 호준이가 과제를 안했다고 군밤을 주었더라면 속상했을 것이다. 참기를 잘했다는 생각이 든다.

반대쪽 하늘에는 뭉게구름이 보인다. 이렇게 예쁜 하늘을 이제야 느끼다니 멋없이 살아온 느낌이다. 하늘을 보는 시간은 1초도 걸리지 않는데 시간이 없어서 보지 못한 것이 아니라 마음에 여유가 없었음을 느낀다. 정신없이 바쁜 하루하루지만 앞으로 1초의 시간을 내어 하늘을 보자고 마음먹는다.

짧은 시간 '나는 숨을 깊게 들이쉬며 내쉬며, 가슴으로 지금 이 순간을 느낀다. 하늘을 보며 자연이 주는 선물에 감사한다.'

자연이 주는 선물은 매일 매일 다르다.
새파란 하늘에 빠질 것 같다.
왜 하늘을 하늘색이라고 부르는지 알겠다.
매일매일 파란색의 강도가 다르다.
구름이 잔뜩 낀 날도 흐리고 밝은 날 차이가 느껴진다.
뭉게구름이 보이는 날
「나뭇가지에 실처럼 날아든 솜사탕」

「솜사탕」 노래가 저절로 나온다.
넓은 들판에 양떼들이 떼 지어 한가로이 풀을 뜯는 모습
사진에 담고 싶을 정도로 멋진 하늘은 한 폭의 그림이다.
매일 같은 곳을 바라본다.
그곳은 나만의 액자 틀이 만들어져 있기 때문이다.

바쁜 가운데 여유를 찾고 감사하는 마음을 갖는 것이 이렇게 나에게 힐링으로 다가올 줄 몰랐다. 지우는 어느새 코까지 골며 잠이 들었다. 어린이집에 돌아와 좀 더 자라고 지우를 눕히고 새로운 기분으로 아이들을 맞이한다.

가방을 걸려는 순간 호준이의 어지럽던 가방 안의 모습이 내 가방에서도 보인다. 나도 모르게 웃음이 난다. '호준이 가방에 있어야 할 숙제랑 색종이로 접은 야무진 딱지가 왜 내 가방에 있는 것일까?'

요즘 가을 하늘이 참 예쁘다. 하늘 그림을 1초간 느끼며 마음의 여유를 갖는다. 미술관에 가지 않아도 자연이 주는 그림을 얼마든지 감상할 수 있음에 감사한다. 오늘도 나는 하늘 그림을 감상하며 일인 다역을 해내며 멋지게 살아가고 있다.

아이의 마음 읽기

아이가 자라는 것을 보면서 몇 번 감동의 순간이 있었다. 현준이는 16개월이 지나서 걸었기 때문에 항상 몸이 둔하다고 생각했다. 수영을 배우던 유치원 때 남편이 수영장에 다녀오더니 가능성이 없다고 고개를 저으며 실망한 표정이었다. 다른 아이들은 수영을 하는데 현준이만 난간을 붙잡고 간다는 것이다. 그런데 바다에서 하루 종일 헤엄치는 모습을 보며 놀랬고, 지역수영대회에서 제일 어렵다는 접영으로 상까지 받았다. 현준이에게는 우리가 모르는 끈기가 있었다.

앞으로 우리 아들은 못 할 것이 없을 것 같았다. 항상 즐겁고 자신감 있는 아이를 보면 힘이 난다.

하지만 요즘 아들이 사춘기가 되면서 힘겨루기를 하게 된다. 특히 방학에는 함께 하는 시간이 많아지면서 더하다.

아침부터 친구와 문자를 주고 받으며 핸드폰을 손에서 놓지 못했다. 나는 못마땅했다. 수요일은 영어학원, 금요일은 수학학원을 간다. 그런데 친구와 무슨 얘기가 오고 갔는지,

"엄마! 나 오늘 영어하고 수학 모두 갈래요."

"왜?"

"친구도 그런데서."

"그럼 시간이 겹치는데."

"영어 좀 늦게 가도 돼."

"그건 선생님에 대한 예의가 아니지?"

아들의 말에 화가 났다. 아침 내내 핸드폰을 하고, 방학이라서 시간이 많은데 학원 시간을 변경하겠단다. 한 시간이나 겹치니 그만큼 지각을 하는 것이다.

방학이면 여유 시간이 많아서 부족했던 공부도 하고, 읽고 싶었던 책도 읽으면서 보람 있게 시간을 보내면 좋을 텐데 하는 생각이 든다. 아빠가 없는 것을 틈타서 나에게 요구하는 것 같아서 더 화가 났다. 아들은 아빠가 절대 허락하지 않는 것을 아는 것이다.

화가 났지만 전철역에서 본 시가 생각났다. 제목은 '화가 날 때'였다. 화가 나서 한 번 치받으려다 생각합니다. '이렇게 하면 ……. 행복할까?'라고 쓰여 있었다. 잠깐 지나쳐 읽은 시지만 뭔가 나에게 깨달음을 주었다.

아들이 어릴 때부터 냉장고에 붙여 둔 글귀도 보인다. 부모가 존중하는 모습을 보여야지 아이도 다른 사람을 존중할 줄 안다는 내용이다. 나의 신념을 다시 한 번 다잡으며 아들을 존중하며 마음 읽어주기에 힘을 실었다.

우선 방학에 대한 생각이 나의 입장과 아들의 입장이 다름을 인정했다. 아들은 방학이니까 그동안 못했던 친구와 핸드폰으로 대화를 하고 휴식을 취하고 싶을 것이다. 친구를 좋아할 나이이니까 친구가 학원갈 때 함께 어울리고 싶고, 한 시간 지각쯤 이제까지 그런 적이 없으니까 선생님도 괜찮다고 생각할거라고 느낀 것이다.

그렇게 생각하니 충분히 그럴 수 있다는 생각이 든다. 일단 아이에게 크게 화내지 않은 것을 다행으로 생각하고, "모든 결정은 스스로 해."라고 했다. 엄마가 한 번에 이렇게 쉽게 허락을 한 것이 신기하다는 듯이 아들은 나를 쳐다본다.

나는 마음속으로 '이런 날도 있어야지.'하며 웃는다. 아들은 오늘 숙제도 미루지 않고 학원 갈 준비에 집중했다. 스스로 선택권을 주었더니 알아서 잘하는 모습을 보면서 다시 한 번 흔들리지 않는 중심 잡는 부모가 되어야겠다고 다짐했다.

아이바라기

『어제 우리 딸 지수가 학교 끝나고 운동장에서 놀던 노중 장난이 지나친 친구 한 명이 지수 팔을 붙들고, 다른 친구들에게 지수를 축구공으로 던져서 맞히라고 제안을 했단다. 그 제안에 화답하여 어떤 녀석이 정말 축구공을 던져서 지수 머리를 맞혔단다.

"이것이 장난인가?"

공을 맞은 지수가 주저앉아 울기 시작하니 몇몇 남자 아이들이 지수를 둘러싸고 바보라고 놀리면서 샤프심을 머리에 쏟아붓고 야구방망이로 몸을 건들면서 꺼지라고 말했단다.

지수는 심리적으로 안정이 되었지만, 가해 친구들을 학교 폭력으로 신고하지 말아달라고 부탁한다. 학교측 설명을 들어 보니 지속적인 괴롭힘은 없었고, 우발적으로 일어났으니 선처를 부탁한다더라. 일부 가해자 부모도 정말 죄송하다고 전화를 했더라. 같이 자식 키우는 부모 입장에서 학교폭력으로 신고하자니 참 마음이 안 좋다』라는 글이 카페에 올라왔다.

빠르게 댓글이 달렸다. 대부분의 글은 학교폭력으로 신고해야 한다는 의견이었다. 나는 무조건 신고 해야 한다는 의견을 보면서 조심스럽게 지수는 어떤지 물어보고 가해자 부모의 마음도 아플 것 같으니 우발적이었다면 기회를 주는 것이 어떠냐는 의견을 남겼다.

바로 "난 반댈세."라는 댓글이 달리고 또 거기에 반대의 댓글이 달렸다. 마음이 안 좋았다.

저녁에 학교에서 돌아 온 아들에게 지수 사건을 얘기하고, 이럴 땐 어떻게 해야 하냐고 물었다.

"엄마, 나의 입장에서 얘기해도 돼요."

"그럼."

"지수가 상처받은 건 알겠지만, 학교폭력으로 신고하면 지수는 학교 다니기 어려워요. 전학가도 소문나고 지수가 곤란해져요. 만약 그 장난친 아이들이 심해서 문제가 있는 아이들이라면 몰라도 그것이 아니라면 신고하면 안 될 것 같은데."

친구도 딸의 입장에서 생각하지 못한 것 같아 친구에게 아들의 말을 전하며 딸의 입장에서 다시 생각해 줄 것을 부탁했다. 하지만 내 마음은 여전히 무겁다.

며칠 후 남편과 북한산에 갔다. 입구에서 남편과 나는 어디로 갈까 망설이다가 원효봉으로 향했다.

"원효봉이 이쪽으로 가나요?" 알고 있지만 혹시 몰라서 지나가는 분께 여쭈어본다.

"위로 가시면 큰 공터가 나옵니다. 거기서 왼쪽으로 가시면 됩니다."

"네 고맙습니다."

"원효봉 가는 길은 계단이 많아서 끈기 없이는 가기 어려운데 괜찮으시겠어요?"

"그래요? 그래도 한 번 가보려고요."

"오늘은 바람이 많이 부네요. 조심하세요."

"네 고맙습니다." 각양각색의 나뭇잎을 밟으며, 눈이 호강하니 계단 올라가는 것이 힘들지 않다.

평일 오전이라서 한적하다. 천천히 산의 기운을 느끼며 드디어 정상에 올랐다. 멀리 보이는 백운대, 만경대, 비봉 등 능선이 아름답다. 파란 가을 하늘은 물감을 뿌려 놓은 듯 구름 한 점 없이 새파랗게 맑다. 산과 하늘을 즐기고 맑은 공기도 마시고 휴식을 취한 후 하산을 준비했다.

내려올 때에는 올라간 반대쪽으로 내려오는데 산세가 험하다. 정상 바위 꼭대기 줄을 타고 내려갈 때 바람이 몹시 불어서 날아갈 것만 같다.

"무서워! 떨어질 것 같아."

"내 손 잡아." 떨고 있을 때 남편이 손을 잡아준다. 겨우 내려와서 평지에 다다라서야 안도의 한숨을 쉰다.

높은 암벽에서 평지를 지나 오솔길을 접어들면서 다시 아름다움을 느끼며 즐거웠다. 늦가을이라 가지가 앙상한 나무가 많았지만 곳곳에 알록달록 예쁜 나무도 보인다. 예쁘게 물든 나무가 눈에 띄면 잠시 머물렀다. 개울 위에 홀로 선 노란나뭇잎의 나무, 이름은 모르지만 햇빛에 잎이 한들한들 흔들리며 반짝인다. 개울에 비친 모습도 아름답다. 그 나무 앞에서 사람들이 사진을 찍는다. 뒤늦게 사랑받는 나무를 보면서 생각에 잠긴다.

우리 인생도 똑같다. 살다 보면 암벽과 같은 어려움이 있지만, 타인의 도움으로 극복되기도 하고, 평지와 같이 평탄함도 곧 만나고, 오솔길과 같이 노래가 저절로 나오는 기쁨도 만난다. 남보다 먼저 알록달록 나뭇잎이 되어 사랑받지만, 뒤늦게 찬바람 맞으며 예쁘게 물들어 더욱 사랑을 받기도 하는 것이다.

며칠 전 친구의 마음은 딸이 괴롭힘을 당했다는 생각에 험한 절벽을 오르는 듯 힘들었을 것이다. 요즘 아이들이 폭력을 행하는 것이 아이의 잘못만은 아니라는 생각이 든다. 사회가 인성보다는 성적을 강요하기 때문에 우리가 상상할 수 없는 그런 일들이 벌어지는 것은 아닌지 반성한다.

아이를 키우면서
아이를 급하게 닦달하지는 않았는지
내가 만든 틀에 아이를 가두려 하지는 않았는지
조급한 마음에 부모인 내 자신을 힘들게 하지는 않았는지

뒤늦게 예쁘게 물들어 빛을 발하는 나무를 보면서 나를 돌아보게 된다. 당장 잘하지 않아도 믿고 기다리자. 그런 모습을 보면서 아이도 타인을 존중하고 배려하며 기다리는 아이로 자랄 것이다.

똑똑이와 방방이

오늘은 지방에 있는 유치원에서 바른 인터넷 교육이 있는 날이다. 한 시간 일찍 도착한 나는 가방을 원에 맡기고 주변을 돌아보려고 했다. 하지만 원장님은 내게 녹차를 손수 내려주며 이야기를 나누고 싶은지 수업할 때까지 원에 있기를 원하였다.

서울의 유치원은 요즘 어떤지 물었다. 나도 서울에서 5시간이나 떨어진 이곳의 사정이 궁금하다. 여러 공립유치원이 모여서 하나의 단설유치원으로 세웠음에도, 결론적으로 아이들의 수가 점점 줄어서 원아를 모집하는 데 어렵다고 한다. 서울에서는 공립유치원에 들어가는 것이 쉽지 않은데 지방부터 인구절벽 현상이 서서히 오는 것은 아닌지 염려된다.

나와 수업해야 할 아이들은 7살인데 수업에 들어가기 전에 원장님이 언질을 준다.

"여기는 똑똑이반이고, 여기는 방방이반입니다."라고 소개한다.

"똑똑이반은 아주 훌륭해요. 선생님이 애들을 아주 잘

교육시킵니다.”

“방방이반은 애들도 선생님도 아주 예쁜데 좀 방방거려서……”하며 말끝을 흐린다.

나는 똑똑이반부터 수업을 시작했다. 아이들의 이름이 붙어있는 자리에 하나의 흐트러짐 없이 모두 나를 바라보고 있다. 아이들의 눈빛이 부담스러울 정도다. 한참이 지났는데도 아이들은 경직된 상태였고, 묻는 말에만 간단하게 대답을 했다. 얼마 후 한 아이의 자세가 흐트러지자 선생님은 아이의 어깨를 꽉 잡으며 엄한 목소리로 말한다.

“서울에서 오셨잖아.” 아이는 선생님의 무서운 모습에 주눅이 든 채 시무룩하게 수업에 참여했다.

똑똑이반 교사는 수업하는데 그 아이가 혹시라도 방해가 될까봐 그랬던 것 같다. 하지만 나는 오히려 그 아이가 안쓰럽고 수업 분위기는 더욱 무거웠다. 내 마음도 살얼음판을 걷는 듯 불편했다.

잠시 후 교사가 잠깐 나갔는데 아이들은 걷잡을 수 없을 만큼 떠들고 흐트러지기 시작했다. 내 목소리가 들리지 않았다. 당황하고 있을 때 선생님이 들어오자 아이들은 쥐 죽은 듯 다시 조용해졌다. 수업을 마치기는 했지만 기분이 좋지 않았다. 아이들이 발표도 하고, 참여하게 했어야 하는데 나만 말을 많이 한 것 같다.

다음은 방방이반이다. 원장님은 똑똑이반을 소개하며 기대해도 좋다고 했는데, 방방이반은 말을 아꼈기 때문에 수업하기 어려운 건 아닌지 조금 염려가 됐다. 교실에 들어선 순간 아이들은 어수선하지만 생글생글 미소를 보내며 나를 향해 말을 건넨다.

"선생님! 정말 서울에서 왔어요?"

"이게 무슨 냄샐까요?"

만나자마자 질문 공격이다. 나는 질문을 놓칠세라

"닭도리탕 냄새."

아이들은 눈이 휘둥그레지며,

"와, 어떻게 알았어요?"

"오늘 우리 점심에 먹을 거예요."하며 혀를 날름거렸다.

수업을 시작했다. 분위기를 가라앉혀야겠다고 생각하고 시작하는데, 예상과 달리 아이들은 수업에 집중하기 시작했다. 내가 하나를 물으면 열을 답하는 아이들이다.

"얘들아! 컴퓨터를 오래하면 어떻게 될까?"

"목이 아파요."

"눈이 나빠져서 안보여서 안경을 써야 해요."

"생각을 잘 할 것 같지만 컴퓨터가 생각해줘서 생각을 아주 못 해요."

"게임만 하면 바보 된대요."

아이들이 생각하는 것도 창의적이고 적극적으로 참여하는 것이 내 수업에 빠져드는 느낌이다. 교사 또한 수업에 집중하며 아이들과 함께 파트너가 되어 참여했다. 준비한 것 이상의 수업을 해서 흐뭇했다. 교실 곳곳의 아이들 작품도 재미있다.

교실을 나오며 방방이반 선생님에게 "아이들 참 예쁘네요!"했더니 말없이 웃는다.

'똑똑이반과 방방이반이 다른 것을 무엇일까?'

아이들은 아이다움을 잃지 말아야 하는데 어른들이 만들어 놓은 틀 안에서만 잘하면 되는 아이로 자라는 것은 아닐까? 안타깝다. 방방이반 아이들이 어수선해서 수업 진행이 어려울까봐 원장님이 미리 귀띔을 해준 것을 안다. 원장님이 두 반 아이들을 모두 아끼는 것도 안다. 하지만 무엇이 옳고 그른가를 떠나 '어느 반 아이들이 행복할까?' 생각해 보면 내가 가야 할 길이 보인다.

마음을 그리는 아이들

아이가 그린 그림을 보면 아이의 마음이 보인다.

교실에 전시된 아이들의 작품은 아이의 마음을 그대로 보여 준다. 아이들이 없는 빈 교실에서도 전시된 작품을 보면 아이들의 마음과 교사의 마음을 읽을 수 있다.

보육실습 과목을 강의할 때마다 예비교사를 격려하기 위해서 어린이집을 방문한다. 어린이집에 들어서면 아이들은 처음 보는 나를 향해 달려온다. 그리고 자신이 그리던 그림을 설명한다.

"이건 엄마구, 이건 아빠구, 이건 동생이에요."

보기에는 낙서같지만 그 안에는 엄마도 있고, 아빠도 있고, 가족 모두가 보인다. 선생님은 그림을 얼른 교실에 걸어준다. 아이는 흐뭇하게 자신의 그림을 한참 바라본다. 이렇게 아이의 그림을 소중히 여기는 교사가 사랑스럽다. 교실을 둘러보면 아이들의 작품이 가득 채워져 있다. 아직 그림의 형태는 없지만 뭔가를 속삭이는 듯 살아서 움직이는 것처럼 보이고, 아이만의 자유로운 생각이 보인다. 선생님이 아이들을 얼마나 존중하는지도 보인다.

보육실습생을 만나기 위해 또 다른 어린이집으로 발길을 옮겼다. 아이들은 처음 보는 나에게 관심이 없다. 표정 없이 나를 쳐다본다. 아이를 좋아하는 나로서는 아쉽다. 나에게 다가오면 머리라도 쓰다듬어주고 싶은데 서운하다. 교실 환경에서도 느껴진다. 선생님이 꾸며 놓은 몇몇 작품이 전부라서 아이들이 무슨 생각을 하는지 알 수 없다. 예쁘고 깔끔하기는 하지만 왠지 낯설다. 아이다움이 없어서일까?

"선생님! 아침에 그린 그림을 잃어버렸어요."

"선생님이랑 찾아볼까?"

사물함에도, 가방에도 그림은 없다. 연아는 울음을 터트렸다.

"선생님이 청소하면서 꼭 찾아볼게. 지금은 엄마가 기다리니까 가자."

아이들은 자신이 그린 그림이나 만든 작품들이 없어지면 찾을 때까지 집에 안가겠다고 할 만큼 자신을 소중히 한다.

'그림 하나하나에 담긴 아이들의 마음을 어른들의 기준으로 의미를 두는 것은 아닌지?' 나는 아이들이 그린 아주 작은 그림 하나에도 의미를 부여해 주라고 예비교사들에게 말한다. 어릴 때 모아 둔 그림들이 나중에는 아이에

게 행복한 추억이 되고, 즐거운 회상이 되기 때문이다.

호준이가 초등학교 1학년 때 학교에 갔더니 교무실 앞에 낯익은 그림과 이름이 있었다. 호준이 그림이었다. 1학년 수준에서 잘 그렸다고 보기 힘든 이 그림을 선생님은 뽑아주었다. 아마도 선생님은 아이들의 마음을 존중하였던 것 같다. 지금도 호준이 1학년 때 담임선생님이었던 홍미선선생님을 잊을 수 없다.

선생님! 고맙습니다.

우리나라와 다른 나라의 월드컵
1000:10으로 우리가 이겼다.

마음 짠한 그림 한 장

둘째 호준이가 6살 때 유치원에서 우리 가족을 그렸다. 아빠는 눈이 지켜 올려진 아주 무서운 사람이다. 나는 치마도 잘 입지 않는데 예쁜 치마에 뾰족 구두를 신었다. 형 현준이는 얼굴이 제일 크고 자신 만만한 모습이다. 마지막 호준이는 바닥에 엎드려서 기고 있는데 잘 보이지 않을 정도로 작다

지금 생각해 보니 학교를 다니면서 일을 병행하던 때라서 남편이 일찍 퇴근을 해서 아이들을 돌보았다. 나의 역할까지 남편이 모두 해야 하니 많이 힘들었을 것이다. 내가 늦게 집에 오기 때문에 아이들 저녁밥 먹이고, 설거지하고 청소하고, 아이들에게 본의 아니게 화도 냈을 것이다. 그러니까 아빠는 호준이에게 든든함과 동시에 잔소리와 화를 내는 그런 모습이다.

형 현준이 얼굴이 가족 중에 제일 크다. 형이랑 싸우면서도 자기보다 나이가 많은 형이 좋았나 보다. 함께 하는 시간이 많고 게임을 해도 팔씨름을 해도 이기는 형이 대단하게 보였나 보다. 밥도 많이 먹고 자기보다 키가 큰

형이 마냥 커 보인다.

나의 모습은 예쁘게 그렸다. 머리도 짧았는데 길게 그리고, 치마에 꽃도 그려주고 굽이 높은 구두도 신었다. 하지만 팔이 없다. 엄마가 자기와 함께 하는 시간이 적다는 느낌이 든다. 엄마와 함께 하지 못하는 시간을 호준이는 느낀 것일까?

자신은 가족 중에 막내이기 때문에 가장 작다. 그림에서 잘 보이지 않는다. 누구에게나 사랑받고 예쁨받고 싶은 마음이 보인다. 아직 어려서 나는 아무것도 할 수가 없다는 것을 알리고 싶은 듯하다. 나는 많은 생각에 잠긴다. 왠지 그때 호준이의 마음을 몰라준 것 같아서 미안하다.

그래도 잘 자라주고 있는 아들들에게 감사하다. 며칠 전 남편은 아들 학교에서 학부모 연수를 받고 오더니 두 아들에게 질문을 한다. 유명한 마시멜로 이야기에 대한 질문이다. 질문은 단순하다.

"마시멜로가 세 개 있다면?" 학교에서 돌아 온 둘째 호준이에게 먼저 물었다. 호준이는 혀를 날름거리며 흥미진진한 얼굴로 말한다.

"하나는 그냥 먹고, 하나는 구워 먹고, 남은 하나는 코코아에 타먹을 거예요." 나와 현준이는 마주보고 웃었다. 현준이와 나는 마시멜로우 책을 읽었기 때문에 남편이 바라는 답을 알고 있었기 때문이다. 남편은 현준이에게 다시 물었다.

"난 그냥 다 먹어 버릴 거 같은데." 나는 현준이에게,

"현준아! 엄마랑 마시멜로 이야기 읽었잖아. 엄마를 실망시키지 않기 위해서라도 책대로 말했어야지."라며 큰소리 쳤다. 그러자 현준이는,

"엄마! 아빠 질문은 그거랑 달라요. 책에는 마시멜로를 주고 먹고 싶은 걸 참고 안 먹으면 다음에 두 개를 수겠다고 하는 거잖아요." 현준이의 대답은 논리적이었다.

'둘이 어쩌면 저렇게 다를까?' 자신의 생각을 자유롭게 말하는 것을 보면서 흐뭇하다. 아이의 그림으로 그 아이의 마음을 모두 알 수 없고, 해석하는 것은 좋은 것은 아니지만 호준이의 그림은 소중한 추억이고, 즐거운 회상이다. 나의 마음을 짠하게 했던 그림 한 장을 소중히 간직하고 싶다.

소중한 헌혈증

일요일 아침. 초등학교 밴드에 '무거운 글'이라는 제목으로 글이 올라왔다.

『내 20년 지기 대학 동기 중에 도움이 필요한 일이 있어서 염치불구하고 이렇게 글을 쓴다. 지난주에 친구의 딸이 편도가 계속 부어서 병원에 갔는데 '급성림프구성백혈병' 진단을 받고 현재 서울대병원에 입원해 있는데, 헌혈증이 있냐고 물어보더라고. 많이 놀랐을 친구를 위해 해줄 수 있는 것이 기도해주는 것 말고는 없다.

혹시 친구들아! 어딘가에 잠자고 있는 헌혈증이 있으면 큰 도움이 될 듯하다. 아침부터 무거운 글을 올려서 미안해.』

글을 읽는 순간 내가 늘 함께 했던 아이들과 동창 친구의 아이가 떠오르면서 가슴이 먹먹하다. 이 친구 역시 안타까운 마음에 구구절절 애잔한 글을 올린 것이 느껴졌다.

나에게 헌혈이라는 것은 생소하기만 하다. 그래도 수혈을 받아야 한다는 얘기를 전해 들으니까 나도 도움을 주어야겠다는 생각이 든다. 밴드에 글이 올라오자마자 어떤 친구는 '나의 장롱에서 잠자던 헌혈증'하며 헌혈증 50장이 나열된 사진을 올렸다. 그동안 '나는 뭘 했지?' 당장 실천해야겠다고 마음먹었다.

남편에게 친구의 사정을 얘기했더니 당연히 헌혈을 하겠다고 했다. 오전 강의를 마치고 헌혈의 집 앞에서 남편을 만났다. 한 번도 해보지 않았지만 남을 도울 수 있다는 기대감과 아플 것 같은 불안감, 무서움이 동시에 밀려왔다.

남편과 나는 헌혈을 하게 되었다. 문진하고 간단한 대면 검사 후 헌혈의 방으로 들어갔다.

"피가 아주 좋으시네요."

"그런데 혈관이 얇아요."

"오른팔 왼팔 모두 보겠습니다."

"헌혈이 처음이라서 말씀드립니다. 다른 주사바늘보다 이 바늘은 훨씬 굵으니 그 점 알아주시기 바랍니다."

한참을 오른팔 왼팔을 번갈아 보더니, 안 되겠는지 다른 간호사를 부른다.

"제가 해드리겠습니다."

오른팔 중간에 바늘을 꽂았다.

"아!" 따끔했다. 그런데 다시 바늘을 뺐다. 잘 못 찌른 듯하다.

"아이구 죄송합니다." 나는 괜찮은데 미안해하는 것 같

아서 간호사에게,

"저는 건강검진 때 피 뽑을 때에도 혈관이 얇아서 어려워요. 괜찮습니다."라고 했다.

"다시 왼쪽 팔에 해 드릴게요." 꽂을 때 순간적으로 따끔했지만 괜찮았다.

피를 뽑는 동안 생각에 잠겼다. 앞으로 6개월에 한 번은 헌혈을 해서 누군가에게 도움을 주어야겠다는 생각과 헌혈하는 방법을 모르는 사람들에게 어떻게 헌혈을 하는지 알려주어야겠다는 생각 등 여러 가지 생각이 교차했다. 잠시 후 320ml가 채워졌다.

15분간 안정을 취하고 나와서 남편과 갈비탕을 먹자 몸도 마음도 든든했다. 헌혈증을 밴드에 올리고, 친구들에게 헌혈하는 방법도 알려주고 헌혈하면서 느꼈던 감격스러운 이야기도 간단히 글로 남겼다.

저녁이 되어 야간 강의를 갔다. 오늘따라 학생들이 수업에 집중했다. 교사론에 관한 이야기여서 질문도 많고 2교시를 쉬지 않고 강의했다. 그순간 하늘이 노래지면서 마이크를 잡은 상태로 바닥에 쓰러지고 말았다. 그 다음은 전혀 생각나지 않는다.

"빨리 119요. 119 불러."하는 소리에 나는 정신이 들었다. 나는 부르지 말라고 손을 흔들며 가까스로 앉았다. "괜찮아요. 119 부르지 마세요."

응급처치를 한다고 학생들이 내 코트를 이미 풀고, 나를 깨우려고 한 흔적이 역력했다. 나는 민망했다. 수업 시작 전에 헌혈한 이야기와 하는 방법에 대해 이야기를 했기 때문에, 그로 인해 쓰러진 것을 학생들이 알아서 다행이다. 조금만 늦게 정신을 차렸다면 119를 타고 병원으로 갈 뻔 했다. 헌혈 후 받은 주의사항 중에 안정을 취하지 않아서 생긴 일이다.

남편은 119가 도착하기 전에 나를 데리러 달려왔고, 아들은,

“엄마! 헌혈하고 수혈받을 뻔했어. 그러니까 내가 하지 말라고 했잖아.” 언니는 안타까움을 감추지 못했다. 함께 온 형부는,

“처제는 왜? 주제를 몰라. 그 몸에 헌혈이라니!” 지인들은 어이없다는 반응이다.

지금은 웃으며 애기하지만 정말 당황스럽고 부끄럽다. 나도 아이를 키우는 입장에서 수혈을 받아야 한다는 이야기를 도저히 그냥 지나칠 수 없었다. 그 후 헌혈증을 받은 동창의 식사 대접, 언니의 보약 한 첩 등 나를 아끼는 사람들의 사랑을 느낄 수 있었다. 내게 남은 ‘한 장의 헌혈증’은 잊지 못 할 추억이 되었다. 헌혈을 6개월에 한 번 하는 것은 어려울 것 같고, 1년에 한 번씩 해야겠다.

나와 다른 아들

토요일 아침, 나는 강의를 가려고 준비하는데, 아들은 컴퓨터 앞에서 지도 검색을 하고 있다.

"엄마! 같이 나가요."

"어디에 가려고?"

"오늘 코엑스에서 입학설명회가 있어."

"그래? 엄마도 함께 가면 좋을 텐데, 잘 듣고 와." 그렇게 말하긴 했지만 안쓰럽기도 하고 저렇게 멀리까지 가서 입학설명회를 들어야 하는지 의문도 든다.

저녁에 집에 와 보니 방안에 대학교마다 받아 온 선물과 학교소개 책자가 가득했다. 오늘 뿐이 아니다. 학교에서 올 때마다 늘어가는 대학설명회 책자들, 한편으로는 엄마가 도움을 주어야 하는데 알아서 하니 대견하기도 하지만, 엄마로서 그 시간에 공부를 했으면 좋겠다.

8월부터 수시 입학에 필요한 자기소개서를 쓰기 시작했다. 담임선생님을 비롯하여 1, 2학년 담임선생님, 진학선생님, 국어선생님, 학원 선생님 등 첨삭을 30번 정도 받았다. 교무실을 나오는데 선생님 한 분이 교무실에 자

주 왔다 갔다 하는 현준이를 보며,

"우리 학교 교직원인줄 알겠어."라며 웃었다고 한다. 얼마나 선생님들을 귀찮게 했을지 보인다.

수시로 넣을 수 있는 6곳의 대학을 혼자 결정했다. 그 중에 의외로 부산대학교가 있었다. 코엑스에 가서 부산대학교 부스에 갔다가 마음에 들었던 모양이다. 도서관에서 「부산은 넓다」 책을 빌려와서 읽는 것을 보니 확신에 차 있는 모습이다.

내가 할 수 있는 일이 생겼다. 나는 남편과 현준이를 데리고 부산대학교 투어 한 번 하자고 했다. 여름방학에 우리 가족은 부산에 갔다. 해동 용궁사에 들려서 한 가지 소원을 꼭 이룬다는 비석 앞에서 우리 가족은 소원을 빌었다. 말하지 않아도 우리 가족의 소원은 알 것 같았다. 그런데 현준이가,

"엄마 소원 뭐 빌었어요?"

"비밀 아니야?"

"말해주세요."

"내가 아는 고등학교 3학년 학생들 모두 원하는 대학 들어가게 해주세요." 현준이는 살짝 서운한 눈빛으로,

"박부숙! 욕심이 과하다." 산신령 목소리를 낸다.

다음으로 부산대 곳곳을 돌며 캠퍼스를 만끽했다. 부모가 입시 준비를 하는 아들에게 해줄 수 있는 것이 있다

는 것에 행복한 하루였다.

입시학원 원장이 말하기를,

"이 성적으로는 현준이가 고른 상위 대학들 중에는 갈 곳이 없는데, 혹시 학교에서는 어떤 반응인지요?"

"담임선생님은 긍정적으로 말씀하시던데요."

"그래도 이 스펙과 성적으로는 지금까지 전례로는 어려울 것 같은데."

우리는 마주보며 놀랐다. 너무 아이에게만 맡긴 것 아닌가 하는 자책감도 들었다. 하지만 현준이는 자신이 알아본 결과였고, 낮은 학교도 있으니 목표한 학교에 지원하고 싶어 했다. 현준이는 대학을 지원하고 공부가 안 된다고 했다.

"엄마, 원서 넣고 나니 정말 공부가 안 되네."

"이럴 땐 며칠 쉬어가도 괜찮아."

"엄마! 수능 공부 막판에 소홀히 해서 최저등급 못 맞춰서 떨어지는 애들 많아." 우습게도 아들은 스스로 정답을 말한다. 그래도 나는,

"학원 갔다가 도서관가지 말고 바로 집으로 와."

1차 합격자 발표 날. 첫 번째 지원한 학교에서 현준이가 1차 면접 대상에서도 떨어졌다는 전화를 받았다. 면접의 기회조차 받기 어렵다는 것을 실감했다. 강의 중이라서 남편에게 문자로,

"현준이는 괜찮아요? 실망이 클 텐데." 걱정이 되었다. 집에 와보니 현준이는 의외로 의연한 척 했다. 하지만 울고 싶은 마음이 표정에서 보인다.

언제나 이런 상황에서 내가 현준이에게 했던 말,

"현준아, 너와 그 대학은 인연이 아닌거지? 아직 다섯개 대학이 남았으니 기다리자." 시어머님은 현준이가 떨어졌다는 소식에 밤새 우셨다고 한다. 손자를 안쓰럽게 생각하고 속상해 하셨다.

두 번째 대학 발표 날. "현준이 1차 합격했어요."라고 남편에게 문자가 왔다. 그때부터 현준이는 면접을 준비했다. 아니, 이미 원서 넣고부터 준비한 것 같다. 가장 가고 싶어 했던 학교이기 때문이다. 손에 가득 든 종이를 들고 왔다 갔다 하며 보고 또 보았다. 심층 면접은 어떤 문제가 어떻게 나올지 몰라 선생님께도 자문을 구했다고 한다. 자소서 때와 마찬가지로 교무실을 오가며 면접 준비를 했다.

선생님은 "김현준, 영어로 자기소개 해봐."

"교무실에서 어떻게 해요?"

"여기서도 못 하면 면접 가서 어떻게 하려고 해?" 현준이는 용기를 내서 했다고 한다. 일본어 선생님은

"와우 완전 오글거린다." 모두 웃으며 격려해주었다고 했다.

드디어 면접 날. 현준이는 학교로 향했다.

"김현준." 이름이 불렸고 들어갔다. 첫 번째 질문은 공통 질문으로

"사회주의와 자본주의의 차이를 말해보세요." 현준이가 머뭇거리자,

"정리할 시간 주겠습니다." 현준이는 무슨 자신감인지,

"아니요. 바로 하겠습니다."라고 말하고 국사시간에 배운 봉건주의를 말하면서 떨려서 죽는 줄 알았다고 했다. 지금도 그때 무엇을 말했는지 모르지만 준비하는 시간을 가져도 모르는 것은 똑같을 것 같아서 그냥 바로 했다고 한다. 용감하다.

두 번째 문제는 "체코슬로바키아에 우리 기업이 진출하고 있는데 어떤 도시인지 말해보세요." 현준이는 자신 있게 현대차는 노소비체, 넥센은 자테츠라고 말하자, 교수는 면접 준비를 위해서 공부했냐고 물었다고 한다. 노소비체는 알고 있었고, 자테츠는 준비하면서 알게 되었다고 솔직히 말했다고 했다.

체코의 역사에 대해서 설명하는 문제는 우리나라 식민지와 비교해서 설명을 하였더니 교수가 "그래서 더 와닿는 민족으로 느껴지지요."라고 호응을 해주었다고 했다. 잘 하고 못 하고를 떠나 자신 있는 모습이 나와는 정말 다르다.

수능 보기 10일 전 아들은 자신이 가장 가고 싶어했던 체코슬로바키아과에 합격했다. 수능을 보지 않고 대학에 가는 행운을 가진 것이다. 바로 다음 날부터 후배에게 동아시아 과목 과외를 해주기로 했다며, 정리하는 모습과 아르바이트를 구하는 모습을 보면서 웃음이 났다. 앞서가도 너무 앞서간다.

내가 교사였기 때문에 아들의 기질과 성격을 이해하기보다, 모범적인 아이로 자라기를 바라고 있었다. 교사의 강박관념 '사회의 모범생'이어야 한다는 사고방식은 아이를 힘들게 했을 것이다. 까다로운 기질의 아이는 이런 엄마를 대하면서 얼마나 힘들었을까 생각했다.

지금은 나라를 지키는 군인이다. 우리는 현준이가 입대 지원을 한 것도 몰랐다. 어느 날 군대를 간단다. 벌써 1년이 다 되어 가는데 군대 밥이 맛있고, 지낼만하다고 우리를 위로한다.

GOP 전방에서 나지막이 들리는 전화 목소리

"엄마! 잘 키워주셔서 고맙고요. 늘 응원해 주셔서 감사해요."라고 한다.

'아들! 나라도 지켜주고, 잘 자라주어 오히려 내가 고맙고 감사해.'

어느 날, 카톡으로 좋은 글이 배달되었다.

『자연스럽게 사는 일이 아름다운 일입니다. 자연적으로 일어나도록 모든 것을 맡겨두는 것이 순리입니다.』

그런데 아들을 내가 만든 틀 안에 너무 가두려고 했다는 생각이 든다. 내가 관여하지 않아도 스스로 잘하는데 나와 기질이 달라서 요즘 말로 '나대는 아들'을 적극적인 아들로 바라보기 어려웠다. 이젠 적극적인 아들로 바라보고 다름을 인정하는 엄마가 되어야겠다고 다짐한다.

자유로운 영혼 1

인구절벽을 실감하는 요즘, 지방에 있는 대학들은 학생들을 모집하는 데 어려움을 겪는다. 장학금을 주어도 학생이 없다고 하소연한다. 하지만 서울 안에 있는 대학은 예전보다 경쟁률이 더 치열하다. 입시학원에서는 부모가 서울에 있는 대학을 나왔다고 아이가 공부 잘하니깐 갈 수 있을 거라는 생각은 버리라고 한다. 만약 들어갔다면 그것은 서울대학인 것이라고 한다. 이 상황에서 조금만 관점을 바꾸면 서울에 있는 대학 나왔다고 모두 성공하는 것은 아니다.

지금은 평생교육 시대로 자신의 적성과 재능을 살려서 공부하고 싶으면 얼마든지 할 수 있다. 직장을 다니다가 재직자 전형으로 대학에 간 아이들을 보면 서울 안에 있는 좋은 대학에 쉽게 간다. 평생교육원에서 빨리 학사학위를 받고 또래 친구들보다 먼저 대학원에 진학하는 학생들도 있다. 아이에 대해 마음을 비우면 내 마음도 편하고 아이도 행복하지 않을까?

막내 호준이는 다중지능을 증명이라도 하듯 공부에는

정말 관심이 없지만 자신이 관심 갖는 것에는 몰입과 열정을 다 한다. 허접한 성적표를 보이는데 그것도 모자라서 일본어는 전교 꼴찌다. 나는 웃음밖에 나오지 않는다. '하나의 번호만 찍어도 이 점수는 아니겠다.'

지방에 있는 대학교 강의를 마치고 9시가 넘어서 서울에 도착했다. 허겁지겁 혼자 있을 호준이를 생각하며 서둘러 집으로 왔다. 그런데 집에 들어섰지만 인기척이 없다. 호준이 방문을 열었더니 나지막한 음악소리와 베이스 기타소리가 들렸다. 반에서 그룹으로 1인 1악기를 하는데 자신이 맡은 것이 베이스 기타였고, 자신이 부족하다고 느꼈는지 손가락에 물집이 잡히고 피가 나는 것도 모르게 연습에 몰입하고 있었다. 그것도 친구 앰프와 베이스 기타를 빌려와서 한참 연습 중인 것이다.

나는 속으로 '공부를 그렇게 하면 전교 1등을 할 텐데.' 하며 웃는다. 그 결과 반에서 한 명만 주는 노력상을 받아왔다.

요즘은 요리에도 관심이 많아서 저녁을 스스로 해결한다. 내가 야간 수업을 마치고 집으로 간다고 전화를 했다.

"엄마, 저녁은 먹었어요?"라고 묻는다.

"안 먹었지. 집에 가서 대강 먹게."라고 하고 집에 오니 호준이가 김치볶음밥, 계란후라이, 튀김 만두를 해놓았다. 감동의 밥상이다. 우리 호준이는 지적인 능력보다 더

한 것을 가졌다. 다른 사람을 배려하는 모습과 남다른 열정은 이 세상에 못할 것이 없어 보인다.

큰 아들 현준이는 호준이에게 공부하라는 잔소리를 안 한다고 도리어 나를 나무란다. 요리하는 호준이를 보면서 엄마 역할을 동생에게 전가한다고 핀잔을 주기도 한다. 하지만 호준이가 하는 모든 경험은 나중에 무언가 해낼 수 있는 밑거름이 될 거라고 믿는다.

방학이지만 이모를 따라서 지역아동센터 봉사도 열심히 한다. 아이들한테 인기 많은 형이라고 한다. 자신이 좋아하고 재능을 살릴 수 있는 것을 찾기 바란다. 우리 막내 호준이를 보며 다시 내 마음을 정리한다. 무엇을 하든 호준이가 원하는 일을 하고 그것이 가치 있고 보람된 일이었으면 좋겠다.

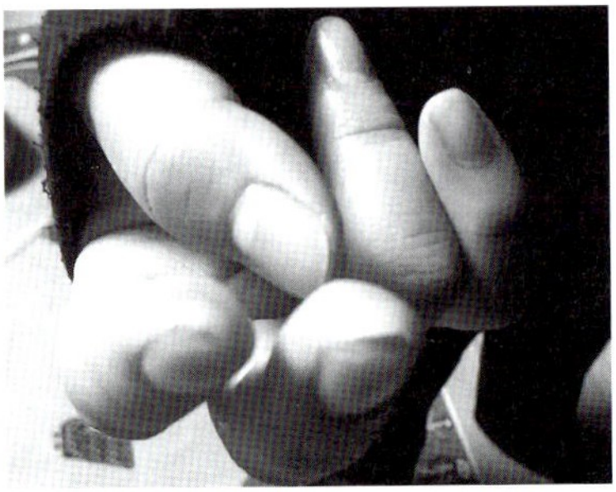

자유로운 영혼 2

사랑스런 막둥이!

고3이 되지만 고3 같지 않은 하루하루를 보낸다. 나도 방학이라서 아들과 의미 있는 시간을 만들었다. 매일 함께 만보 걷기와 걸으며 아들과 이야기나누기다. 학교에 출근하는 날도 이 약속은 꼭 지키려고 노력했다.

방학을 하고 거의 이틀에 한권씩 그동안 못 읽었던 책을 읽었다. 이 시간이 너무 좋아서 아들에게 책을 권하고 싶지만 내가 책을 봐도 아들은 책보다는 TV와 컴퓨터를 즐긴다.

'백선생 집밥만들기', '냉장고를 부탁해' 등 시청하는 프로그램에 이유가 있겠지!

비빔국수를 만들어준다고 오이는 돌려깍기 하라며 나를 가르친다. 사랑스럽다. 시키지 않아도 아들은

- 저녁 차려주는 아들
- 토요일 내가 강의를 갈 때마다 빨래하고 널고 개어주기까지 하는 아들

- 할머니가 집에 오실지도 모른다고 하니 지저분하다고 엄마 혼날까봐 땀을 흠뻑 흘리며 모두 치워놓은 아들

이 정도면 정말 사랑할 수밖에 없는 아들이다.

자신의 꿈을 위해 자기만족, 긍정마음, 행복 같은 에너지를 비축하나보다.

지인 교수님이 학생들 이야기를 들어주느라 화장실도 못가는 박교수는 스트레스 관리를 어떻게 하냐고 묻는다.

대답은 간단하다.

내가 좋아서 하는 일이니까, 나를 힘들게 하는 상대가 아닌 내가 필요한 상대인 것이다. 나는 힘이 들어서 스트레스를 받는 게 아니라 학생을 이해하니까 사랑스럽고 내가 힘을 받는 것이다.

우리 호준이도 제자들과 다르지 않다. 보통 고등학교 3학년과는 많이 다르지만 인성이 훌륭하고 스스로 행복한 멋진 아들이기에 나도 행복하다. 인생은 성공이 목표가 아니라 가치 있게 살아가는 게 맞으니까. 오늘 날도 흐리고 바쁘지만 맘은 편하고 좋다.

너 때문이야, 아들!

딸 바보 부모님

“엄마, 중간에 내려서 밥 먹고 갈 수도 있으니 먼저 드세요.”

현준이가 농촌봉사활동 일주일을 마치고 전화가 왔다.

“힘들었니?”

“힘들긴 했지요.”라며 웃는다.

새벽부터 분주한 엄마, 닭을 자르고 다듬고, 밀가루를 묻히고 튀기고 부엌 전체가 연기로 자욱하다. 치킨이 몇 마리인지 셀 수 없다. 그때만 해도 통닭이란 흔하지 않았다. 엄마 혼자 분주하고 바쁘다.

벨이 울려서 나가보니 떡집아저씨가 절편 두 말을 배달해 왔다. 엄마는 가방과 상자에 가득히 싸기 바쁘다.

‘여름에 겨울옷이라니?’ 차안 가득 음식과 옷을 싣고 충청도 두메산골로 향했다.

농촌봉사활동을 간 언니에게 엽서가 왔다. 힘들지만 많이 배우고 음식도 맛있고 지낼만하다는 내용이다. PS.란에 추위가 있지만 잘 견디고 오겠다는 내용이다. 엄마랑

아빠는 춥다는 말에 옷가지만 챙겨서 갈 수 없으니 치킨과 떡을 준비해서 가기로 한 것이다.

네비게이션도 없던 1984년 엽서 한 장 들고 아빠, 엄마, 나는 구불구불 시골길을 따라 두메산골을 찾아가기 시작했다. 물어물어 겨우 도착했는데 완전 시골이었고 추웠다. 언니 소개로 많은 대학생들 사이에서 초등학생인 나는 부끄러움을 감추고 인사를 했다.

가끔 이런 엄마가 이해가 가지 않았다. 찰밥, 약식 등과 같이 손이 가는 음식을 해서 선생님께 갖다드리라는 것이다. 나는 교무실에 가는 것도 부끄럽고 선생님이 좋게 생각할까하는 의문도 들었다.

밭 딸기가 나오기 시작하는 때에는 아빠에게 부탁해서 사오라 하고, 딸기를 작은 밀폐용기에 담아 설탕을 뿌려서 갖다드리라는 것이다. 선생님이 좋아할 것 같지 않고 귀하지 않은 딸기를 갖다드리는 것이 부끄러웠다. 가방 속에서 딸기 향기가 난다. 용기를 내어 교무실 앞에 갔다가 끝내 전하지 못했다. 하교하면서 친구들과 함께 먹어 버리고 말았다.

"엄마, 선생님이 맛있다고 고맙대요."

"밭 딸기라서 좋아하셨을 거야."

조금 찔렸지만 더 물어볼까봐 모른척하며 내 방으로 들어갔다.

선생님들 드린다고 송편을 두말이나 손수 빚어 학교 앞에서 기다리던 엄마였다. 시집보낸 딸을 위해 추석이면 송편을 만들어 시댁에 보내주었던 부모님, 대학교 앞에서 집에 함께 가자고 딸을 기다려 주던 아빠, 그때는 이해가 되지 않았지만 지금 내가 엄마가 되니 아빠랑 엄마처럼 하는 것은 쉬운 일이 아니었다.

농촌봉사활동을 끝내고 검게 그을린 얼굴로 들어오는 아들을 보며, 두메산골 물어물어 언니에게 갔던 부모님의 마음이 떠오른다.

'우리 부모님은 누구를 위하여 그런 정성을 베풀었을까?'

'다른 사람에게 우리들 예쁨 받으라고 그랬나?'

자식을 위한 것도 있지만 그런 음식을 만들고 준비하는 과정이 참 행복했을 것 같다. 나도 누군가 나를 위해 음식을 만들어 주면 행복하고 고맙다. 나도 누구를 위해 음식을 준비할 때 행복하기 때문이다. 사랑한다는 것은 이런 것일까? 부모님이 지금 계시다면 여쭈어보고싶다.

일주일 간 문자 한 통을 주고받지 못한 아들에게 한편으로 미안하기도 하고, 자식을 위해서 사랑과 정성을 다한 부모님에게 다시 한 번 감사한다. 특히 선생님께 전하라는 딸기를 친구들과 맛있게 먹은 죄를 용서받고 싶다.

누군가를 위해 정성을 다한다는 것은
누군가가 나 때문에 행복한 마음을 갖는 것이고
나 때문에 누군가 행복할 수 있다면
나 또한 행복한 마음을 갖게 되는 것이다.

사람들에게 감동을 주었던 부모님을 지인들이 오래 기억하는 끈은 이런 정성이 아니었나 생각한다.

엄마! 못 다한 이야기

떨리는 남편의 목소리,

"마음 굳게 먹고, 떨지 말고."

핸드폰이 없던 2002년 남편에게 유치원 교실로 전화가 왔다. 엄마가 심장이 마비되어 응급처치 중이라며 위독하니 빨리 병원으로 오라는 전화였다.

"선생님! 이거 가위로 오려주세요." 아무것도 모르는 지원이는 나에게 색종이를 건넨다. 엄마가 위독하다는 전화를 무시하고 힘없이 가위로 종이를 오리고 있다. 나도 모르게 눈물이 흐른다. 아무도 나를 대신해서 햇님반 아이들을 봐줄 수 없다는 것을 알기에 이 아이들을 놔두고 병원에 갈 수 없다는 이런 책임감을 어찌할 것인가?

눈물을 닦고 나는 급하게 교무실로 뛰어가,

"엄마가 위독하세요." 원장님께 전화를 했다.

"박선생 애들은 걱정 말고 빨리 병원에 가요." 아이들을 달님반 아이들과 합반하고 그러면 안 된다는 것을 알면서 말이다.

병원에 도착한 순간 마주친 언니는 나를 부여잡고

"엄마 영안실에 계셔." 우리는 서로 안고 울었다. 언니가 우리 막내 호준이를 데리러 집에 가고 아버지가 오시는 중이었다. 아무도 임종을 지키지 못해서 더욱 슬펐다.

그 순간 엄마에 대한 죄책감이 밀려왔다. 엄마는 지병이 있었지만,

"현준이는 내가 봐준다. 너 어릴 때 가난해서 우유도 못 먹고 미숫가루 먹었잖니. 현준이라도 봐줘야 내가 편할 것 같아."하시며 모두의 만류에도 현준이를 돌봐준 것이 나에게는 늘 미안함이었다.

아픈 엄마에게 아이를 맡기는 것이 죄송했지만 엄마는 현준이를 보면서 오히려 건강해진 것 같다고 했고, 웃을 일이 많다고 하였다. 2년 동안 봐주고 언니가 서울로 이사 온 뒤 언니가 현준이를 돌보면서 막내 호준이도 봐주었다.

오늘은 밤새 언니가 엄마를 간호하다가 호준이를 데리러 아침에 가는 바람에 엄마의 임종을 지키지 못한 것이다. 더욱이 남편은 엄마가 돌아가신 것을 알면서도 내가 너무 놀랄까봐 위중하다고만 전한 것이다. 나는 그때 가위질을 하고 있었고 모든 것이 죄책감으로 밀려온다.

아픈 엄마에게 현준이를 돌보게 한 것

내 아이 때문에 아무도 엄마의 임종을 지키지 못한 것

나는 그 시간에 가위질을 하고 있었다는 것

엄마에게 맛있는 음식을 대접한 기억이 없다. 엄마와 목욕 한 번 갈 것을, 아니 한 번이라도 엄마를 꼭 안아주었다면 엄마의 향기를 오래 간직했을 텐데 후회만 남았다. 엄마 코트를 꼭 안고 울었고, 자동응답 전화기에 녹음된 엄마의 목소리를 여러 번 들었다.

나는 강의할 때 유아교사만큼 훌륭한 교사는 없다고 말한다. 내가 아파도 마음 편히 자리를 비울 수 없고, 엄마가 위중하다고 하여도 자리를 비울 수 없는 유아교사는 이 세상에서 가장 강하고 책임감 있는 교사이기 때문이다.

나에게 남겨진 후회는 있지만 지금도 교사로서 열심히 최선을 다하는 모습에 엄마는 흐뭇해할 것 같다. 이제 아무 걱정 말고 좋은 곳에서 건강하게 행복하기를 바란다.

엄마 사랑해요!

행복은 내 마음에

배우는 것이 길이라는 것을 항상 마음속에 갖고 있었던 나는 호준이가 태어난 지 6개월에 석사 공부를 시작했다. 아내, 엄마, 교사, 며느리, 딸, 동생, 학생 등 일인다역을 하며 학업을 이어갔다. 유치원 근무를 마치고 일주일에 두 번 야간수업을 받고 집에 오면 녹초가 된다. 하지만 늘 그랬던 것처럼 배우는 즐거움이란 나에게 의미 있는 일이었다.

마지막 학기 논문을 쓰는데 쉽지 않았다. 연구다운 연구를 하고 잘 해보겠다는 욕심이 생겼다. 무리해서 며칠 밤을 새고 출근을 했다가 에너지가 소진된 느낌을 받았지만 정신력으로 버티는 것을 느꼈다. 퇴근을 하고 집에 왔는데 남편은 아이들을 씻기고 있었고, 나는 전화벨이 울려서 전화를 받으려는 순간 쓰러지고 말았다.

너무 놀란 남편은 아들을 씻기다 말고 놀라서 나왔고 내 뺨을 여러 번 쳤다. 다행히 순간 정신이 들었다. 파랗게 멍든 얼굴과 주르르 흐르는 눈물…….

다음 날 어찌된 거냐? 넘어진 건 아닌 거 같고? 남편에게 맞았냐? 등등 궁금해 하는 지인들에게 변명 아닌 변명을 하고 멍 자국을 오래 달고 다녔다.

그때 내가 가족들에게 보냈던 희망편지를 아직 간직하고 있다. 몸을 아끼지 않고 쓰러지면서까지 논문을 완성했지만 지금 생각하면 참 행복했다. 행복이란 내 마음 먹기에 달린 것이다. 지금도 그렇게 생각하고 앞으로도 그렇게 생각할 것이다.

큰아들 현준아!

엄마는 몇 번 감동의 순간이 있었는데 그중 하나가 현준이가 초등학생이 된 그날이었어. 학습지 하나 안하고 학교에 가서 알림장을 적어오는 것을 보고 행복했고, 50점을 맞아도 5개나 맞았구나 하며 우리 현준이 천재 아니냐며 기뻐했단다. 여름방학 때 바다에서 하루 종일 열심히 수영을 하던 모습을 보며 앞으로 우리 현준이는 못할 것이 없다고 생각했어.

또 항상 즐겁고 자신감 있는 현준이를 보면 엄마도 즐겁고 힘이 나는 거 알지? 사랑해.

둘째 호준아!

얼굴만 봐도 우습고 예쁘고 안아주고 싶고 말로 모두 표현할 수가 없구나.

음악만 나오면 엉덩이를 들썩거리고 고개를 아래위로 흔드는 호준이.

아침에 눈만 뜨면 책상에 앉아 그림을 그리는 호준이.

엄마가 힘들다고 안마해 주는 호준이.

엄마는 걱정이야. 호준이가 투정을 부려도 그냥 예뻐서 안아주고만 싶구나. 엄마가 정신 못 차려도 우리 호준이가 정신 똑바로 차리고 엄마한테 그러지 말라고 얘기해줘.

꼭! 알겠지? 누구에게나 사랑받고 사랑스러운 호준이를 엄마도 사랑해.

결혼 10년차 이제는 뭔가 알 것 같아요.

2004년 나에게는 잊지 못 할 많은 일들이 있었어요.

쓰러지던 날! 그때를 생각하면 눈물이 나요.

나 때문에 너무나 마음 아파하던 당신에게 얼마나 미안했는지 몰라요.

아내, 엄마, 딸, 며느리, 선생님, 학생의 역할이 저에게는 무리였어요. 공부를 하겠다고 시작한 건 사실 현준이, 호준이에게 떳떳한 엄마, 자기에게 자랑스러운 아내가 가장 큰 욕심이었어요. 그런데 더 큰 것을 얻었어요. 내 이름이 새겨진 논문이 나오던 날 나는 삶에 자신감을 갖게 되었어요.

이 모든 것은 당신의 사랑 없이는 이루어질 수 없었어요. 그래서 자기에게 미안하기만 한데 쓰러져서 멍이 든 얼굴을 보며 측은해 하던 당신의 모습을 잊을 수 없어요. 앞으로 더 많이많이 사랑하고 힘낼게요!

우리의 사랑하는 모습은 현준이, 호준이를 사랑이 가득한 아이들로 자라게 해줄 거예요. 2004년이 가기 전에 꼭 이 이야기를 하고 싶었어요.

앞으로도 지금과 같은 마음으로 행복하게 살아요.

행복은 우리들 마음에 달려있어요. 사랑해요.

지금도 내가 힘들 때 희망편지는 위로가 된다.

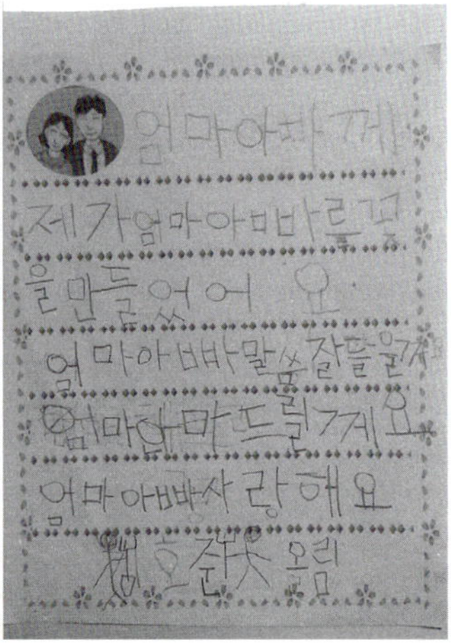

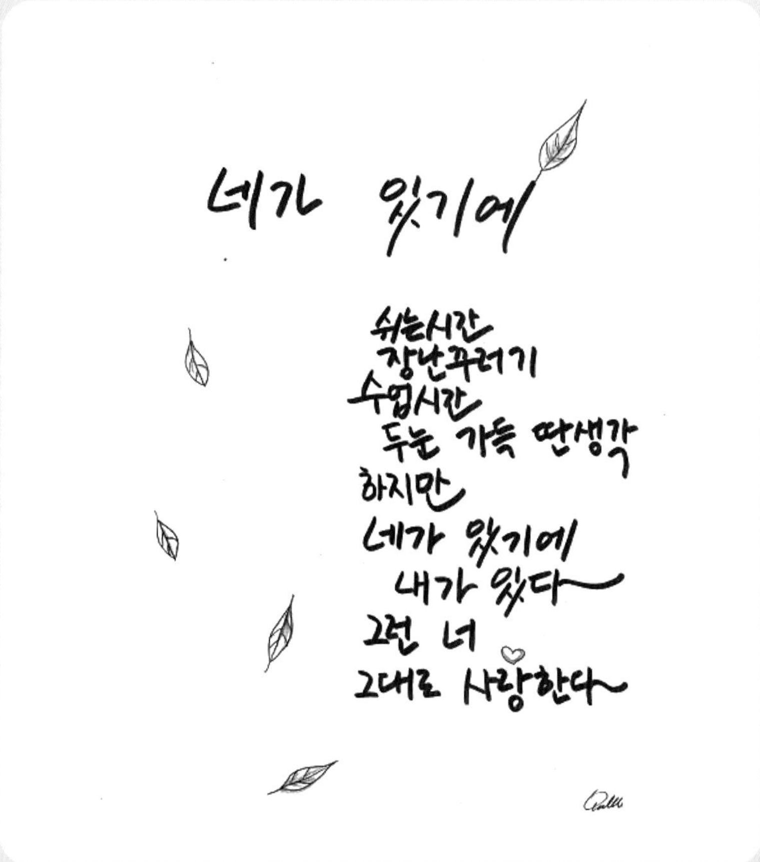

'풀꽃'으로 유명한 나태주 선생님을 만났다.

풀꽃

자세히 보아야 예쁘다
오래 보아야 사랑스럽다
너도 그렇다

긴 세월 초등선생님하며 아이들을 보며 지은 시
시를 보며 생각나는 아들!
아들을 위한 시
'그런 너 그대로 사랑한다.'

이야기 셋

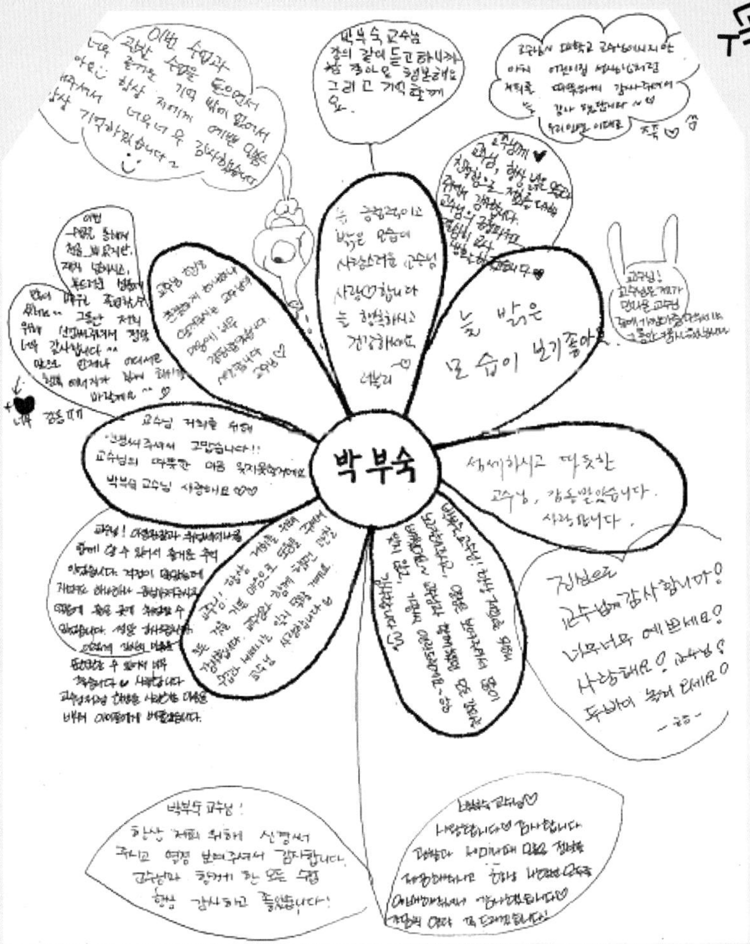
박부숙
늘 밝은 모습이 보기좋아요
섬세하시고 따뜻한 교수님, 감동받았습니다. 사랑합니다.
교수님 저희를 위해 신경써 주셔서 고맙습니다!!
박부숙 교수님!
항상 저희 위해서 신경써 주시고 열정 보여주셔서 감사합니다.
교수님과 함께 한 모든 수업 항상 감사하고 좋았습니다!
진심으로 교수님께 감사합니다!

지금처럼

나무 향기

나는 혼자 가까운 안산에 가는 것을 좋아한다. 산 입구에 들어서면 산에서 냄새가 난다. 늘 우리 곁에 있는 공기의 소중함을 모르 듯 언제나 산에서 나는 냄새라서 느끼지 못한다.

어느 날 이양하 작가의 '나무' 수필을 감상하고 산에서 나는 냄새는 나무에서 내뿜는 향기라고 느꼈다. 산에 오를 때마다 혼자가 아닌 것 같은 느낌, 환청처럼 들리는 아이들 목소리.

"선생님! 이거 봐요." 강민이는 떨어진 소나무 가지를 내게 보인다.

코를 킁킁거리며,

"냄새 완전 지독해요."

강민이는 소나무 가지를 친구들을 향해 마구 흔든다.

"이거 봐라." 친구들에게 자랑하듯 계속 흔든다.

민수는 "강민아! 나 주라."

동진이도 "나두 나두."

영민이도 "나도 나 주라고."

아이들은 서로 소나무 가지를 갖고 싶어 강민이에게 달려든다. 하지만 소나무가 뾰족해서 아이들이 다칠까봐 위험한 생각이 든다.

"강민아! 소나무에 찔려. 친구들 다친다. 빨리 버리자."

강민이는 미련을 버리지 못하며 "냄새 좋은데."

나는 질세라 "아까는 냄새 완전 지독하다며."

아쉬움을 감추지 못하고,

"에이!"하며 바닥에 소나무 가지를 던진다.

친구들을 보고 있던 루미는 소나무의 가느다란 잎을 보고,

"물을 안줘서 날씬해졌나봐."라며 바닥의 소나무 가지를 내려다본다.

아이들과 함께 소나무 냄새도 맡고, 솔잎을 만지며 물을 안줘서 마른 것이 아니라 원래 이렇게 생긴 소나무라는 것을 이야기 해줄 수 있었는데 기회를 놓치고 만다.

같은 나무지만 날씨에 따라서 다른 향기가 난다. 화창한 날에 느끼는 나무 향기보다 비온 뒤 느끼는 향기가 더 진하다. 계절에 따라 또 다른 향기가 난다.

봄에는 어린 새싹의 은은한 향기가 그윽하다. 나뭇잎이 무성한 여름에는 향이 진하고, 아카시아가 피면 그 향기에 다른 나무의 향기는 맡을 수 없다. 하지만 그것도 며칠 다시 본연의 모습으로 각자의 향기를 풍긴다. 가을엔

바삭바삭 구운 듯 씁쓸하면서도 진한 향기, 겨울엔 나뭇잎은 없어도 가을향의 여운을 뿜으며 나무 향기가 서서히 사라진다. 이렇게 나무는 계절마다 나름대로 독특한 향기가 난다.

무엇보다도 내 기분에 따라 그 향기가 다르다. 기분 좋은 날은 나무의 향기를 무시하기 쉽다. 맑은 공기만으로도 상쾌하고 행복하기 때문이다. 하지만 몸이 힘들고 지칠 때에는 나무 향기를 깊이 느끼게 된다. 나도 모르게 나무를 보며 생각에 잠기게 되고 내 마음은 평온해진다.

산은 맑은 공기를 주고, 무더운 여름날에도 시원한 바람과 그늘을 주어 고맙다고만 느꼈지, 나무 각자의 향기를 뿜어내는 것인지 깨닫지 못했다. 예전에 알았더라면 아이들에게도 나무향기를 느끼게 해주었을 텐데. 안전에만 신경을 쓰다가 더 큰 것을 놓친 것 같은 아쉬움이 남는다.

오늘도
나무 하나하나의
향기를 느끼며
산을 오른다.

아이가 답

아파트 1층에 가정어린이집이 있다. 14층에 사는 혜수는 신발도 안 신고, 내복 차림에 옷을 들고 어린이집 문을 두드린다. 엄마가 외출하며 혜수를 급하게 어린이집에 맡기고 나가는 것이다. 교사는 난감하다. 오전에 바깥놀이도 나가야 하는데 신발도 없이 아이를 어린이집에 보내다니 당황스럽다.

바깥놀이를 가는데 혜수는 신발이 없어서 여분의 신발을 신고 나갔다. 혜수는 바깥놀이에서도 잠에서 덜 깬 듯 친구들과 놀려고 하지 않고 선생님이 안아주기를 바란다. 선생님은 다른 아이들과 놀아주어야 하고 안전에도 신경 써야하니까 혜수를 어찌할 수 없어 하며 난감하다. 혜수를 안고 다른 아이들을 보고 정신없이 하루가 갔다. 혜수는 낮잠을 자고 일어나 괜찮아졌는지 이제야 적응이 된 듯하다. 이불을 정리하고 간식을 먹는 데 갑자기 벨이 울린다.

"혜수어머니! 이 시간에 무슨 일로 오셨어요?"

"혜수 데리고 갑자기 나갈 일이 생겨서요."

"아, 네. 빨리 준비시킬게요."

선생님은 정신없이 혜수를 챙겨서 엄마 품으로 보낸다. 혜수는 이제야 기분이 좋아져서 친구들과 재미있게 놀려고 하는데 가야 한다니 선생님 마음이 좋지 않다.

교사는 자신이 교육을 하는 것인지, 단지 아이를 보호하는 것인지 갈등에 빠진다. 우울한 기분을 달래고 남아 있는 아이들과 수업을 하려고 하는데 혜수어머니에게 전화가 왔다.

"선생님! 다음부터 혜수 간식 먹고 입 좀 닦아주세요."

교사는 얼떨결에

"네, 어머니. 알겠습니다."라고 대답하고 화가 나기 시작했다고 한다.

교사는 나에게 자신의 역할이 무엇인지 혼란스럽다고 상담을 의뢰했다. 내복에 신발도 없이 등원시키고 간식 먹고 입을 안 닦아주었다고 핀잔을 주는 학부모가 도저히 이해되지 않고, 교사를 계속 해야 하는지 그만두고 싶다고 했다.

혜수의 입을 닦아주겠다고 말할 수밖에 없었던 교사의 입장이 이해되었다. 교사의 입장에서 만약 자신이 부정적인 반응을 보였다면 원아모집도 안 되는 상황에서 혜수는 내일부터 등원하지 않겠다고 할 수도 있다. 그러면 원장님께 죄송해서 얼굴을 마주할 수 없을 거라고 하였다.

자신은 교사로서 교육적인 측면에 중점을 두어야 하는데 자신의 역할이 무엇인지 딜레마에 빠지는 것이다. 나는 한 가지를 제안한다.

"선생님 생각이 정리가 안 되고 혼란스러울 때에는 아이의 입장에서 생각해 주세요."

"부모님 의식하지 말고 아이의 입장만요?"

"지금 같은 경우도 휴지를 주면 아이 스스로 닦을 수 있잖아요. 부모님을 존중하는 것과 무조건 수용하는 것은 다르니까요. 4세라면 자기 입에 묻은 음식은 닦을 수 있고 그것이 기본생활습관 교육이니까요."

이 상황에서 교사는 화를 내고 속상해하기보다 부모를 이해하는 것이 마음이 편할 것이다. 그러면 학부모를 향한 미움보다는 서로 생각이 다름을 인정하게 될 것이고, 더 객관적으로 상황을 바라보게 되기 때문이다.

교사로서 딜레마에 빠질 때 아이의 입장에서 생각하면 답이 보인다.

알아차림

게슈탈트 상담에서 '알아차림'이란 자신의 삶에서 현재 일어나고 있는 모든 현상을 방어하거나, 피하지 않고 있는 그대로 지각하고 체험하는 행위를 뜻한다고 하였다. 즉, 자신의 현실에서 일어나는 모든 일들을 마음을 열고 그대로 받아들이고 구체적으로 아는 것을 말한다. 지금 이 순간에 집중하면 안 좋은 생각이 가라앉고 집착했던 마음이 점점 줄어든다. 집착하는 마음이 사라지면 상황과 상대에 대한 이해심이 생기고, 이해심은 사랑하는 마음을 갖게 한다.

마음보기를 통한 알아차림은 유아교사가 현장에서 적용할 수 있다. 유아교사로 재직 중인 김 교사는 상담을 신청했다. 4살 수진이는 또래를 향해 물건을 던지고, 친구를 물거나 꼬집어서 상처를 내는 것이 비일비재하다는 것이다. 그러다 보니 교사가 수진이에게 하는 대부분의 말은 하지 말라는 부정적인 말뿐이라고 하였다.

"수진이가 위험한 행동만 하니까 저도 힘들고 짜증이 나요."

교사에게 왜 힘들고 짜증이 나는지 먼저 알아차림을 권하였다. 수진이가 위험한 행동을 함으로써 다칠 수도 있고, 다른 친구가 피해를 입으면 부모로부터 항의를 받고 일이 복잡해지는 것이 화나고 속상하다고 하였다. 수진이를 위한다기보다는 부모들의 민원 제기에 대한 두려움이 교사를 더 힘들게 하고 있었다.

게다가 며칠 전 수진이엄마로부터 담임이 너무 무서운 것 아니냐는 항의를 받았다고 한다. 복도에서 뛰는 아이에게 뛰면 넘어져서 다친다고 안전에 대한 훈육을 했을 뿐인데, 그 모습을 보고 수진이엄마가 자기 아이에게도 그렇게 무섭게 하는 것 아니냐며 원장에게 항의를 한 것이다. 그 뒤로 수진이 일이라면 예민해지고 더욱 부정적인 단어를 쓰게 된다고 토로하였다. 상담하는 과정에서 교사는 자신이 아이들을 대할 때 엄마들로부터 받은 불편한 감정까지 그대로 아이에게까지 전한다는 것을 알아차렸다.

수진이엄마는 임신 8개월로 둘째를 가졌다. 임신 8개월이면 배가 뭉치고, 소화도 안 되며, 몸을 가누기도 힘들다. 둘째라서 첫 아이를 키우면서 둘을 키워야 한다는 정신적인 압박감도 가중되었을 것이다. 이러한 임신 스트레스는 정신적인 피로와 함께 작은 일에도 과민 반응을 보일 수 있다. 교사는 자신도 임신했을 때 남편의 사업 스트레스로 힘들었던 경험을 떠올렸다. 그때를 생각하니 수진이엄마에 대한 연민이 생긴다고 하였다.

엄마의 정신적 힘듦이 수진이에게 전달되고, 수진이는 엄마에게 받은 감정을 원에 와서 발산하는 것이다. 교사는 수진이가 태어나지도 않은 동생에 대한 질투를 벌써 느낀다는 것을 알았고, 엄마로부터 받지 못하는 관심을 자신에게 받고 싶어 한다는 것도 깨닫게 되었다.

교사는 다음 상담에서 수진이가 자신에게 하는 행동이 완전히 달라졌다고 하였다. 그런데 함께 근무하는 교사는 수진이가 김 교사를 대할 때 예전에도 지금처럼 다정했고 달라진 것이 없다고 한다. 교사 자신이 수진이와 엄마에게 연민을 가질 정도로 이해를 했기 때문에 수진이가 달라 보일 수 있다. 틱낫한은 누군가를 사랑하기 위해서는 반드시 이해가 수반되어야 하고, 사랑하는 마음은 이해심으로부터 만들어진다고 하였다.

교사들의 어렵고 힘든 사례를 나누고 마음보기를 통해서 알아차리기를 도와주었다. 현대인들은 다양한 스트레스에 노출되어있고, 스트레스는 화가 되어 심신에 악영향을 미친다. 화가 날 때 내가 왜 화가 나는지 알아차리기를 통해서 자신의 마음에 집중하고 화를 가라앉히면 편안함을 가질 수 있다. 편안한 마음은 이해심을 갖게 하고 이해심은 사랑하는 마음을 만들어내는 것이다.

나 역시 어려움이 있을 때 알아차림을 하려고 노력한다. 교사들도 마음보기를 통해서 알아차림을 실천하기 바란다.

행복한 마음정원 가꾸기

2015년 7월 21일 인성교육진흥법이 시행되었다. 대한민국 헌법에 따른 인간으로서의 존엄과 가치를 보장하고, 교육기본법에 따른 교육이념을 바탕으로 건전하고 올바른 인성을 갖춘 국민을 육성하여 국가 사회의 발전에 이바지함을 목적으로 한다는 취지의 법으로, 세계 어느 나라에도 없는 유일한 대한민국의 법이다.

인성교육진흥법 시행을 자랑스러워해야 하는지 아니면 부끄러워해야 하는지 인간으로서 마땅히 지켜야 할 기본적인 덕목을 법으로 정한다니 많은 생각을 하게 한다. 교육의 질은 교사의 질을 넘을 수 없을 정도로 교사의 역할은 중요하다.

인성교육진흥법이 시행되는 시점에서 천년의 도시 경주에서 『교사의 행복한 마음정원 가꾸기』라는 주제로 교사 인성교육 워크숍에 갔다. 나는 인성 강사의 일원이 되었고, 함께 강의하는 교수들은 여러 번 모임을 통해서 먼저 스스로 인성을 가꾸면서 그 과정을 통해서 하나가 되었다.

학교를 대여해서 연수를 진행해야 하는 상황에서 100명 이상의 인원이 모여야 했다. 하지만 100명을 모은다는 것은 어려운 일이다. 특히 메르스(중동호흡기증후군) 여파로 연수 일정을 한 달 뒤로 연기한 상태였고, 2학기를 앞두고 교사들이 바쁜 시기도 문제이다.

좋은 인성프로그램을 한다는 기대만큼 인원 모집에 대한 불안감도 컸다.

'내가 교사들의 인성을 위해서 할 수 있는 일은 무엇일까?' 유아교육기관에서 애쓰는 교사들을 보면 인성을 가르친다는 의미보다 아름다운 경주에서 힐링의 시간을 갖게 하고 싶다.

준비를 하면 할수록 이 일은 내가 해야 하는 틀림없는 일이라는 확신이 들었다. 나도 교사 경험이 있기 때문에 그들이 얼마나 육체적으로 힘들고, 정신적으로 힘든지 알기 때문이다. 부모들의 말 한마디에 작아지고, 아이에게 옮은 감기로 죄인이 되는 유아교사들에게 힘이 되고 싶다.

그런데 연수비용뿐만 아니라 서울에서 경주까지 가는 교통비도 따로 부담해야 해서 인원을 충당하기가 어렵다. 가장 가까운 지원군인 남편에게 "우리 차 11인승이잖아요. 우리 차에 교사들 태우고 경주까지 차량운행해줄 수 있을까?" 조심스럽게 물었다. 남편은 그동안 나의 불안한 마음을 읽었는지 한 치의 망설임도 없이,

"인원이 되면 당연 태우고 가야지."라고 한다.

교사이자 관련 일을 하는 학교 동문을 중심으로 연수 내용을 알리기 시작했고, 어린이집을 운영하는 원장님께,

"원장님! 연수내용 보셨지요? 남편이 나까지 9명 태우고 갈 수 있다고 교사들 모아보라는데 함께 갈 교사들 있을까요?"

"알았어요. 내가 교사들한테 같이 가자고 해볼게요."

나는 가슴이 뛸 정도로 기뻤다. 하나 둘 마음을 열어 부탁드렸던 이계화 원장님은 7명의 교사가 신청하여 자신까지 8명이라고 연락이 왔다. 이런 분들의 소식은 서로서로 전달이 되어 연수에 참여는 못하지만 참여하고 싶어 하는 교사들을 지원해주라는 찬조가 늘어나기 시작했다. 혹시라도 100명이 되지 않아서 연수를 진행하지 못할까봐 마음을 낸 듯하다.

드디어 D-day. 100명을 훌쩍 넘어 150명 가까이 신청을 했다. 인성연수를 진행하는 과정에 인성은 이미 이루어진 듯하다. 연수의 중요한 내용은 자기 자신을 매 순간 알아차리고, 호흡을 느끼고, 긍정적인 마음을 간직하며 행복한 마음을 갖는 것이다.

내 강의 시간에는 마음속의 편견을 버리고 행복한 마음 끌어내기, 나와 다른 사람들의 장점 찾기, 마지막으로 나는 혼자가 아닌 공동체 속에 살고 있음을 강의하였다.

실제 워크숍으로 '꽃에 물주기' 활동을 했다. 꽃 중앙에 자신의 이름을 쓰고 자신의 장점을 꽃잎 하나에 쓰고 옆으로 돌린다. 옆 사람은 꽃 중앙에 쓰여 있는 사람을 생각하며 그 사람의 장점을 찾아서 꽃잎을 채운다. 모두 채워서 나에게 오면 나의 꽃이 완성된다. 교사들은 자신이 모르던 장점을 알게 되었다. 또한 자신의 단점이라고 생각했던 것을 다른 사람이 장점으로 보아준 것에 대해서 흐뭇함을 감추지 못했다. 행복한 마음을 꽃에 가득 담고 감사하는 모습이다.

인성은 가르치는 것도 배우는 것도 아니다. 내가 어떤 마음을 갖느냐에 달린 것이다. 키가 큰 나무에게 "너는 어릴 때 손톱보다 작았던 것 씨앗이었던 것 아니?"라고 물으면 "내가 이렇게 크고 멋진데 말도 안 돼."라고 말한다.

사람도 다르지 않다 엄마 뱃속에선 깨알보다도 작았는데, 그 감사함을 모른다. 탯줄만 떨어졌을 뿐 부모님을 비롯한 우리 모두는 연결되어 있다. 나 혼자는 이 세상을 살아갈 수 없다. 오늘 참석한 모든 교사들과 서로 안아주기 명상을 하며 나는 연수를 준비하는 과정에서 내가 느꼈던 기대감, 불안감, 행복감에 나도 모르게 눈물이 났다. 남편이 마음을 내어준 것을 시작으로 꼬리에 꼬리를 물듯 이어지는 감사함. 아마도 감사라는 것은 제곱에 제곱으로 불어나나 보다.

인생은 드라마

재직 중인 학교의 학사 일정이 변경되어서 오리엔테이션이 한 주 빨리 시작된다고 하였다. 나의 모든 일정이 어긋났다. 6개월 전 원고를 쓰고 준비한 경주에서 진행할 승급교육이 겹쳤다. 승급교육은 보육교사들이 경력이 되면 급수를 올리는 교육으로 10주간 결석 한 번 하지 않고 이수를 해야 나오는 자격증 과정이다. 나는 강의 약속을 어긴 적이 없기에 당황스러웠다. 그래도 일주일 전에 이 사실을 알았기에 다행이다. 나는 경주 특강 일부를 다른 교수에게 부탁했다.

"교수님! 토요일 승급교육 때문에 '영유아 발달'을 저 대신 강의해줄 수 있을까요?"

"아, 네 저도 승급교육이 발달 부분이라서 해드릴 수 있을 것 같아요. 일단 내용보고 내일까지 말씀드릴게요."

"네, 고맙습니다. 바로 강의 자료 보내드릴게요. 확인하고 내일 꼭 알려주세요."

부탁한 교수가 출산이 한 달 정도 남아서 조금 불안했지만 나를 도와주고 싶은지 다음 날 바로 해주겠다고 전화가 왔다. 나는 따로 준비했던 보충 자료까지 보내고 한시름 놓았다. 책임을 전가하기는 했지만 정신없는 하루임에 틀림없다. 경주에 가서 오전 강의를 마치고, 서울로 와서 야간 강의를 해야 하기 때문이다.

강의 전날 금요일 오후, 점심을 먹는 데 전화가 왔다.

"교수님! 내일 2시 맞지요?"

"네, 맞아요. 몸은 괜찮으신 거지요? 미안해요. 몸도 무거운데 이런 부탁해서."

"오늘 아침에 병원에 갔는데 자궁 문이 조금 열렸다는데, 내일까지는 괜찮겠지요?"

"엥, 자궁 문이 열려요?"

"네. 아주 조금요."

"교수님! 안 돼. 큰일 나요. 둘째도 아니고 셋째인데 지금 나올 수도 있어요. 아기도 교수님도 위험해. 안 돼. 지금이라도 다른 분 알아볼게요."

나는 끊자마자 전화로 곳곳에 강의가 가능한지 알아보았다. 바로 내일이 강의인데 수락할 교수는 없었다. 더구나 서울에서 경주까지 내려가서 강의를 해야 하니 부탁하기가 어렵다.

도와주고 싶지만 선약이 있거나, 강의 준비를 안했는데 할 수 없다고 한다. 경주에서 찾는 것이 쉬울 것 같아 연구원에게 부탁했는데 마침 전화가 왔다.

“교수님! 포항에 사는 교수님인데 그 과목을 강의해봐서 해주신다고 했어요.”

“고마워요. 메일 알려주시면 바로 자료를 보내드릴게요.”

하루가 어떻게 지났는지 정신이 하나도 없다. 저녁을 먹으려고 하는데 문자 벨이 울린다.

『교수님! 저녁 6시 16분에 셋째가 나왔어요. 산부인과에 오니 이미 자궁 문이 50% 열려있었네요. 다행히 몸무게는 2.84kg을 넘어서 괜찮은데 당분간 지켜보기로 했습니다. 끝까지 강의를 대신하겠다고 한 저를 용서하세요.』

황당하기도 하고 미안하기도 했다. 그래도 나의 결정이 옳았다는 생각에 안도의 한숨을 쉬었다. 그냥 웃음이 났다. 아기도, 산모도 건강하다니 그것도 다행이다.

오늘 애타고 초조했던 일은 잊고, 다시 힘을 내야 한다.

다음 날 토요일 새벽 5시 30분 KTX로 경주에 가서 강의를 했다. 대상은 어린이집 교사들이다. 강의 끝에,

“어린이집 교사는 하늘이 내린 선물이고, 우리의 뇌는 다른 사람들과 다르다고 해요. 어린아이들과 함께 지낸다는 것은 쉬운 게 아니니까요.”

열변을 토하며 자신감을 주었다. 교사들은 쉬는 토요일 10주를 출석해서 교육을 받아야 하니 많이 힘들 것이다. 하지만 강의를 마치고,

"좋은 강의 고맙습니다."

"교수님! 자신감 얻고 가요."

아침부터 힘들었는데 교사들의 진심어린 말 한마디에 힘이 난다.

오후 1시 45분 KTX로 다시 서울로 향했다. '서울에 가서 제 정신으로 강의할 수 있을까?' 점심도 못 먹고 바로 서울에 와서 강의를 했다. 여기 학생들 역시 자신감을 얻어야 하는 아동학과 신입생들이다.

앞으로의 목표와 비전을 세우도록 자신감도 주고, 용기도 주었다. 내가 유아교사로 살아왔던 그 시간이 있었기에 자신 있게 말할 수 있다.

'우리가 하는 일은 아무나 할 수 있는 일이 아니라고.'

마지막 시간 침이 말라서 꼬이는 입, 아침부터 뛰어다녀서 퉁퉁 부은 발로 서 있기가 힘들었다. 하지만 보람되고 가슴 벅찬 하루다.

우리들이 살아가는 일상은 드라마다. 주 20시간 이상 강의를 할 정도로 무척 바쁜 하루하루를 보내고 있지만, 건강하게 아름다운 세상을 보며, 숨 쉬고 살아간다는 것만으로도 감사하다.

배움의 즐거움

초임 교사 시절, 가장 어려웠던 것은 매일매일 수업 준비를 해야 하는 것이었다. 대학에서 배운 대로 하려면 수업 계획을 하고 교구도 만들어야 한다. 이렇게 하루하루 지낸다는 것은 벅차고 부담스러운 일이다.

그때부터 나는 부족한 것을 배우기 시작했다. 특히 부끄러움이 많아서 아이들 앞에서 피아노를 치면서 노래를 부르는 것이 어려웠다. 그런데 실습을 나갔을 때 김미경 선생님의 음악수업을 보고 감동했었다. 선생님께 추천받은 김성균 음악교육연구소에서 유아음악교육 연수를 받기 시작했다.

김성균 교수님은 직접 피아노를 치며 노래는 물론 교구까지 움직이며 음악교육을 해주는 데 감동이었다. 교수님은 많은 나이임에도 선한 아이의 모습을 하고 계셨다. 교수님을 바라보는 것만으로도 나는 행복했다. 그날 배운 것을 한 주 내내 퇴근하고 집에 와서 음악 교구로 만들어 아이들 앞에서 수업을 하고 보람을 느꼈다. 이런 것이 반복되다 보니 배우는 것이 힘이라고 생각되었다.

그 후 아동미술, 몬테소리프로그램, 독서지도, 부모교육, PET프로그램 등 배움을 이어갔다. 그럴수록 나의 수업은 풍부해졌고 자신감이 생겼다.

배우는 것에 열중하며 달려온 어느 날.

매일 바깥놀이만 하는 토끼반 선생님을 보면서 아이들을 저렇게 놀리기만 하고 언제 가르치지 하며 나도 모르게 불만을 가졌다. 그렇게 안 좋은 시선으로 봤던 선생님이 무덥던 어느 날 아이들과 바깥놀이를 마치고 교실로 들어가는데, 아이들의 기쁜 모습과 토끼반 선생님의 열정이 느껴졌다.

'이건 뭐지?'

머리를 한 대 맞은 느낌이다. 그리고 우리 반 아이들을 보는데 교구를 움직이며 놀이를 하고 있지만, 토끼반 아이들의 기쁜 모습과는 비교할 수 없었다. 신체활동이 왕성한 시기에 교실 안에서 수업을 통해서 무언가를 배우는 것이 참교육이라고 생각했던 것을 후회하는 순간이었다.

토끼반 선생님의 가르침이 없었다면 나는 아직도 아이들의 발달과 흥미를 무시하고 그것이 옳다고 하고 있을 것이다. 부족해서 배웠던 유아음악교육 안에는 신체활동이 많아서 실외에서도 활용할 수 있고 충분히 아이들의 욕구를 충족시켜 줄 수 있었는데, 앉아서 배우는 것만이 교육이라고 생각했다. 더욱이 내 자신이 움직이는 것을 싫어하니까 교실에서만 머물렀던 것 같다.

아이들과 함께 하는 시간은 아이들을 통해서 그들이 필요한 것을 함께 하는 것이다. 나는 '배움 중독'이라는 말을 들으며 지금도 그 끈을 이어가고 있다. 진정한 배움이 아이들의 놀이에서 아이들과 함께 배우는 것이고, 그것이 곧 배움의 즐거움인 것을 이제야 알았다.

진정한 몰입

2010년 겨울 어느 날.

"여보세요. 교수님! 안녕하세요."

"잘 지냈어요? 부탁할게 있어서 전화했어요. 어린이집 지금도 운영하고 있지요? 석사논문 쓸 때 열심히 했었지요. '유아교육기관 운영관리' 강의 부탁해요."

"교수님! 제가 강의 경험이 없어서 잘 할 수 있을까요?"

"잘 할 수 있어요."

나는 이수경 교수님의 강의 제의를 받고 잠이 오지 않았다. 강의를 할 수 있다는 것이 기쁘기도 하고, 한편으로 경험이 없어서 떨리기도 했다. 교수님께 누가 되지 않도록 최선을 다해서 강의 준비를 했다. 그동안 쌓은 현장 경험을 바탕으로 수업 자료도 만들고, 교구까지 만들어 현장감 있게 수업을 구성하였다.

대학생들과 한 학기를 보내고 보람과 뿌듯함이 있었지만 강의 준비를 하면서 내가 운영을 잘못하고 있다는 것을 알았다. 공부를 더 해야겠다는 마음이 들었다.

내가 선택한 것은 '유아교육과 박사과정'. 학사와 석사를 모두 유아교육을 전공했는데 아직도 부족한 것이다. 한 우물을 파는 것이 현명한 것인지 생각할 시간도 없이 원서를 내고 공부를 시작했고, 학생으로서 학교에 앉았다. 함께 공부하게 된 박사과정 동기들은 수강신청을 했나 보다. 나는 수강신청 기간도 놓치고 그냥 앉아있다. 출석부에 이름도 없고 옆에 앉은 선배는 열두 살 어린 띠 동갑. 난감한 상황이다.

'과연 내가 박사 과정을 마칠 수 있을까?'

동기는 나와 열네 살 차이가 난다. 무엇부터 배워야 할지 모르겠다. 동기가 한 시간이면 끝내는 과제를 나는 꼬박 일주일이 걸렸다. 그게 끝이 아니다. 매주 과제에 시험까지. 게다가 강의하는 강사들이 많아 교수님 배려로 아침 7시 30분에 수업을 시작하니 새벽에 나가야 하고, 가정을 돌 볼 수 있는 시간조차 없었다.

하지만 내가 좋아서 선택한 것이니 최선을 다하고 싶었다. 일주일 걸리던 과제가 이틀로 줄고, 하루로 줄고, 점점 줄었다. 그때부터 공부가 재미있어지기 시작했다. 영어번역기를 써가며 열심히 번역을 시도했지만 어려워서 남편과 형부의 도움을 받았다. 발표 차례가 되어 PPT를 띄우며 영어로 발표를 하는데, 교수님은,

"너 독일에서 왔나?"

"죄송합니다. 제가 너무 부족한 것 같아 다음 시간에 다시 발표하겠습니다."

정말 최선을 다했다고 생각했는데 속상하다. 여기서 버티어야 한다는 생각에 나는 다시 과제를 하기로 결심했다.

내일은 경주에서 강의가 있는 날이라서 새벽에 집에서 나가야 한다. 저녁을 대강 먹고 노트북 앞에 앉았다. PPT를 처음부터 다시 만들고 교수님이 수정하라는 부분을 읽고 또 읽고 반복하고, 이미지를 삽입하고, 관련 동영상을 찾아서 편집하고 시계를 보니 새벽 5시다. 어제 저녁 6시쯤 책상에 앉았는데, 한 번도 엉덩이를 떼지 않고 11시간 가까이를 앉아 있었던 것이다.

경주에서 학부 강의가 있어서 6시 30분 KTX를 타기 위해 세수하고 가방 챙겨 서울역으로 향했다. 피곤하기도 할 텐데 머리가 맑다. 즐겁고 뿌듯하다. 태어나서 한 번도 이렇게 공부해 본적이 없기 때문이다. 집중하고 몰입한다는 것이 무엇인지 알 것 같다.

수업 발표 D-day. 물론 영어발음은 하루아침에 달라지지 않겠지만, 그래도 최선을 다해서 열심히 준비한 결과 교수님은 칭찬을 했다.

"이제 좀 감을 잡았나?"하며 미소 지으신다.

"여러분들 뒤에 내가 있으니 든든한 마음으로 믿고 따라오시오." 박사과정 1학기 종강날 권은주교수님의 말씀에 나도 모르게 눈시울이 붉어진다. 힘들었던 것보다는 진정한 몰입의 행복함을 알았기 때문이다.

"지능과 재능이 있어도 열심히 하는 사람을 이길 수 없고, 열심히 하는 사람은 즐기는 사람을 이길 수 없다."라는 말이 있듯이 학문의 즐거움을 알았다.

학사운영실에서 '박부숙'이라는 이름을 기억했다. 왜냐하면 박사과정 1학기부터 마지막 학기까지 모두 A^+를 받았기 때문이다. 지금도 우수티칭상을 받을 때마다 많이 부족한 나를 성장하게 도와준 교수님들의 은혜에 감사함을 느낀다. 특히 제 2의 인생을 열어준 이수경교수님께 진심으로 감사하다.

외도

참재미 안산어린이집을 선택한 이유는 규모는 작지만, 가족적인 분위기에 실외 환경이 좋아서였다. 하지만 원아가 15명이다. 15명으로 운영을 하려니 다른 어린이집처럼 급식에 조리사를 채용할 수 없었다. 급식 담당 도움교사를 채용하고 원장인 내가 한식조리사 자격증을 따기로 결심했다.

퇴근하고 요리학원으로 직행했다. 한 번도 유아교육 관련 연수 외에 다른 연수는 받아본 적이 없는데, 이건 인생에 있어 외도인 것이다.

'앗, 요리가 이렇게 재미있을 수가?'

잘해서 빨리 자격증을 취득해야겠다는 생각보다는 배우는 재미가 쏠쏠하다. 일주일 배운 것을 주말에는 집에서 시연을 한다. 가족들에게 점수를 따는 시간이다.

"엄마, 이 낯선 음식은 뭐야?"

한입이면 끝나는 양, 그래도 서로 시식하며 조언한다. 칼질 한 번 잘 못하면 망치고, 몇 cm인지 기억 못하면 탈락이다. 두 달 만에 과정이 끝났다. 학원을 다니며 틈틈이 공부하여 필기시험에 합격했다.

다음은 두려운 실기시험만 남았다. 그래도 없는 시간을 쪼개어 하루에 두 가지씩 52가지 요리를 마쳤다. 나는 어린이집 행사 때문에 하루 빼고 모두 출석하여 요리학원에서 모범생이 되었다. 요리사 옷과 앞치마를 준비하여 시험장으로 향했다. 제발 내가 잘하는 요리가 나오기를 간절히 바라며 교실로 들어갔다. 요리 이름이 발표되는 순간 당황스러움을 감출 수가 없다. 내가 한 번 결석한 날 했던 '홍합초'가 나온 것이다.

'세상에 이런 일이 있을 수 있는지, 머피의 법칙인가?'

그렇다고 포기할 내가 아니니까 긍정의 힘으로 생각을 바꾼다.

'맞아. 홍합초는 학원에 결석해서 못해 봤기 때문에 집에서 두 번이나 연습했었잖아.' 마음을 돌리고 책의 내용을 더듬어 가며 최선을 다 했다. 탄 냄새가 난다. 홍합초를 만드는 사이 가스 불에 올려놓았던 콩나물 밥, 아차 하며 뚜껑을 열어 보니 아직 보글보글 끓고 있었다. 옆 수험생의 냄비였다. 그 친구는 뚜껑을 열더니 탄 밥을 빡빡 긁는다. 남의 일이 아니라는 생각에 더욱 정신을 차리고 불 조절을 했다.

얼마나 긴장했는지 평소에는 나지 않던 땀이 흐른다. 그래도 맛은 모르지만 제출했으니 쉬고 싶다.

"원장님! 제가 결석한 날 했던 홍합초 나왔어요. 지금은 어린이집이 바쁘니 다음 달부터 재수강하겠습니다."

"아이고, 어째요? 원비는 할인해드릴게요. 재수강은 혜택이 있습니다."

"네, 고맙습니다."

어린이집도 바빴지만 붙을지도 모르는 기대감이 살짝 있었다. 못한 것은 기억 안 나고 보기 좋게 제출한 것만 기억나니 기대를 할 수밖에 없는 것이다.

드디어 시험 결과 발표하는 날. 떨리는 손으로 컴퓨터에 수험번호를 눌렀다. 버튼을 누르는 순간 합격이 떴다. 86점으로 합격을 했다. 날아갈듯 한 기분이다.

"원장님! 합격했어요."

"안 그래도 좋은 성적 받으셨더라고요. 현수막 준비하려고요. 두 달 만에 필기, 실기 모두 그것도 우수한 성적으로 그래서 플랜카드 붙여놓으려고요. 축하드립니다."

"고맙습니다. 잘 가르쳐주신 덕분입니다."

살아가면서 내 길이 아닌 다른 길로 가는 '외도'는 한 번 쯤 삶의 활력소가 된다.

열정

유치원교사를 하며 현준이를 임신했을 때 나는 새댁이었고, 동네에서 어려보이는 철없는 아줌마였다. 경비 아저씨에게 명절에 드리는 떡값 3000원을 정말 떡을 주는 줄 알고 저녁밥을 안 차리고 반상회를 갔던 어리바리한 새댁이었다. 그날 남편은 밥통에 밥이 없어서 라면을 먹었다.

하루는 동네 아주머니가 나를 부르면서,

"새댁 유치원교사라면서. 우리 아이 미술 좀 가르쳐 줘요."

아마도 내가 임신 중인 줄 몰랐나 보다. 나는 아동미술 자격증을 가지고 있었고, 화실에 다닌 경험을 바탕으로 그 자리에서 해보겠다고 했다. 태교로 뱃속의 아이에게 도움이 되는 것을 하고 싶었던 열망이 있었는데, 좋은 기회다 싶었던 것이다.

처음 시작은 두 아이였다. 주제만 정해주어도 자신의 생각으로 그려내는 아이들이다. 원비를 받을 수 없었다. 집에서 하는 거니까. 하지만 재료비라도 받으라는 엄마

들이다. 그래서 나는 재료비와 간식비 2만 원을 받았다. 그 돈은 봉투째로 두고 정말 재료비와 간식비로만 지출을 했다. 좋은 재료를 사고 스케치북과 붓을 전문가용으로 구입해서 미술활동을 했다.

미술도 좋지만 아이들은 우리 집에 오면 수다 삼매경에 빠지고, 솔직히 그림을 그리고 만들기를 하는 시간은 짧다. 엄마 불만도 토로하고, 친구와 고민도 이야기하고 나는 끝까지 들어주었다.

그 아이들이 자라 동생이 오고, 동생이 커가면서 옆집 동생이 오고, 처음 시작은 태교로 시작했지만 동네 아이들의 놀이터가 되었다.

한 달에 한 번 요리수업하고, 푸드 아트도 하고, 음악교실이라고 부르는 아이가 있을 정도로 음악 감상도 미술수업과 함께 진행했다.

1997년에 시작해서 20년을 하였다. 그만큼 나를 믿고 따라와 준 부모님과 아이들에게 감사한다.

2014년, 전화가 왔다.

"선생님, 우리 현선이 미술 배울 때 소질이 있었나요?"

"그럼요. 그러니까 유치원 때부터 중학교 때까지 오래 다녔지요."

"지금 고등학교 3학년 와서 조소가 하고 싶다고 하네요. 잘 할 수 있을까요?"

"제 경험으로는 자기가 하고 싶은 것을 해야 해요. 저는 찬성입니다."

그해 겨울 현선이는 6개월 정도 미술을 배우고, S여대 조소과에 입학을 했다. 미술은 어릴 때 나에게 배운 것이 전부였다는데, 현선이의 소질이 대단했던 것이다.

미국으로 이민 간 배석이, 배선이 형제도 그동안 배운 미술 실력으로 좋은 학교에 입학해서 잘 지낸다고 연락이 왔다.

'미술학원이 아닌 놀이학원이라고 할까?' 그림도 그리지만 만들고 싶은 것 자유롭게 만들고, 유토가 있어서 언제든지 점토놀이를 할 수 있고, 먹고 싶은 요리를 미술로 연계해서 푸드 아트도 하고, 다시 그림으로 그려보고 아이들에게는 신날 수밖에 없다. 그림 그리는 기술을 가르치기보다는 아이들의 마음을 읽어주고 창의성과 상상력을 키워주는 것이 진정한 미술교육이 아닐까?

20년을 거쳐 간 아이들, 우리 집에 남겨진 스케치북을 보면 추억이 새록새록하다. 추억이 담긴 스케치북을 내 맘대로 버릴 수 없다.

아이들의 손길이 묻어 너무나 소중하니까!

"애들아! 우리 미국에 있는 배석이, 배선이까지 모두 만나서 동창회 한 번 하자꾸나. 선생님은 아직도 그 시간이 그립다. 선생님이 열정을 다할 수 있는 좋아하는 일이었거든."

나는 실습생

지금도 내 기억에 남아있는 실습생은 시인 서현숙선생님이다. 60이 훌쩍 넘은 나이로 보육실습을 마쳤다. 내가 실습 기관에 방문하던 날 선생님은 아무말 없이 나를 안아주었고, 눈물을 흘리셨다.

'얼마나 힘드실까?' 나 또한 눈시울이 붉어졌고 그 자리에서 차마 눈물을 보일 수 없었다. 만학도로서 모두에게 귀감이 되었던 선생님을 잊을 수 없다.

학생들에게 서현숙선생님의 이야기는 현장실습이 아무리 힘들어도 포기하지 말라는 교훈이 된다. 하지만 현장과 배운 이론과 거리감을 느끼고 체력을 관리하지 못하여 포기해 버리는 경우가 있다. 핸드폰을 꺼내서 수업 시간에 내 연락처를 저장하게 한다. 어렵고 힘든 일이 있으면 꼭 나에게 연락하기를 당부한다.

실습 중 한 학생에게서 전화가 왔다. 자신의 유치원은 프로젝트 수업을 하는데 주제가 '혹부리 영감'이라며 어떤 활동을 어떻게 해야 하는지, 도저히 모르겠다는 것이다. 교구도 제출해야 하는데 무엇을 만들어야 할지 모르

겠다고 했다.

나는 외부에 있어서 책을 찾을 수 있는 상황이 아니어서 급하게 생각을 해야 했다. 지도교사에게 조언을 구하고 일단 동화를 여러 번 읽어보면 생각이 떠오를 수 있다는 조언과 프로젝트 수업이라서 쉽지 않겠다는 위로와 함께 10가지 활동을 제안했다.

착한 행동과 나쁜 행동 카드 만들어서 할아버지 얼굴에 혹 붙이고 떼는 교구, 다양한 표정의 눈 코 입 뿔 만들고 도깨비 얼굴 꾸미기, 혹부리 영감 디오라마로 이야기 꾸미기, 등장인물이나 혹부리 영감에 나오는 물건이나 배경 등 카드뒤집기, 역할영역에 혹이랑 도깨비 방망이 등 역할놀이 소품 만들기, 도깨비 노래 부르고 도깨비 가면이나 빽업 방망이 만들어보기 연계활동, 과자로 도깨비 성 꾸미기, 동화장면 6장으로 구성해서 입체퍼즐 만들기, 전래동화니까 국악에 맞춰서 등장인물 표현해보기, 팝업책 만들기 등을 생각해서 보냈다. 학생은 위의 내용을 참고로 실습을 잘 마쳤다고 했다. 아직 내게 이런 감각이 살아있다는 것이 내 스스로 동기부여가 되었다.

야간 수업을 하고 있을 때였다. 실습 나간 학생에게 문자가 왔다. 프로젝트 수업으로 '자전거'가 주제인데 지도교사가 움직이는 자전거를 만들라고 하였다고 한다. 인터넷을 찾아봐도 움직이는 자동차는 많지만 자전거는 없다고 어떻게 해야 하는지 조언을 구했다. 그것도 내일 당장 계획안을 지도교사에게 제출해야 한다고 하니 나는 마음이 바빠진다.

야간 강의 마치고 늦도록 집에 있는 재료를 이용해서 호준이와 머리를 맞대며 자전거를 만들어서 차례로 사진을 찍어서 보냈다. 학생은 내가 만든 자전거에 더 창의적으로 생각하여 아이들과 미술시간 움직이는 자전거를 만들었다고 문자와 사진을 보냈다. 지도교사에게 창의적이라고 최고로 칭찬을 받았다고 했다.

이처럼 학생들은 실습기간 동안 나에게 조언을 구했고 나는 멘토가 되었다. 아직도 나는 배우는 중이고 무엇인가에 열정을 쏟을 수 있다는 것, 누군가를 도울 수 있다는 것은 '내가 유아교사로서 살아있구나.'라고 느끼게 되었고 소중한 경험이 되었다.

인생조각가

설레는 얼굴로 교정에 등장한 대학 새내기들은 내 마음을 흔들어 놓을 정도로 해맑고 풋풋하다. 대학생으로서 하고 싶은 것도 많을 것이고, 부푼 꿈과 희망도 한 아름 간직하고 있을 것이다. 이런 사랑스러운 얼굴을 대학 내내 간직하기를 바라지만 대학가에 떠도는 '대2병'은 무섭다.

예전에는 '미운 일곱 살'이라 하여 부모 말을 듣지 않고 고집부리는 나이가 일곱 살이었는데, 요즘은 연령이 내려가 '미운 세 살'이라고 한다. 북한군도 무서워서 쳐들어오지 못한다는 '중2병', 신조어들이 하나둘 생기더니 이젠 '대2병'이 등장한 것이다.

대학 2학년만 되면 전염되듯 번지는 병으로, 아르바이트에 학업 및 스펙 쌓기까지 3중고에 시달린다. 새내기 때의 다짐과는 다르게 학업과 현실에 직면한 괴로움을 호소하며 현재 상황에서 벗어나고 싶어 한다는 것이다.

젊음 자체만으로도 소중하고 인생에 있어서 다시는 돌아갈 수 없는 시기로 자신의 역량을 마음껏 펼쳐야 하는데 '대2병'을 논하는 것은 인생의 선배로서 허무하기만 하다.

지난 학기 4학년 학생들과 취업 준비를 하였다. 과거에는 학벌, 학점, 토익점수로 되었던 것이 지금은 자격증, 어학연수는 물론, 공모전 입상, 인턴경험을 비롯해서 봉사활동, 성형수술까지 해야 하는 '취업 9종 세트'가 대세라고 한다.

하지만 나는 학생들이 작성한 자기소개서를 보며 가슴 벅차고 뭉클함을 느꼈다. 밤이 새도록 학생들의 경험과 대학생활을 읽어 내려가며 사회에 나가서 못할 것이 없을 거라는 생각이 들었다.

학업에만 매진한 것이 아니라 다문화, 장애인 등 소외계층에 꾸준히 봉사를 하며 느끼는 보람은 내 마음을 따뜻하게 하였다. 학생들은 공부를 열심히 해서 나만 좋은 학점을 받겠다는 생각보다 친구들과 협력하여 서로 윈-윈 해야 한다는 생각을 하였다.

시험을 준비하며 친구가 모르는 것은 알려주고, 어렵고 힘들어하는 과제를 도와주면서 스스로 자기성장을 하였다. 자신만 손해라고 생각할 수도 있는데 친구를 도왔다는 생각에 기쁘고, 그만큼 자신도 공부가 되었다는 것이다. 이러한 경험은 베풂의 의미를 알게 해주었고, 진심으로 상대를 배려하고 존중하는 것이 자신을 행복하게 한

다고 하였다.

처음부터 그런 것은 아니었다. 학점을 잘 받고 싶어서 1점에 연연하며 속상해 하고 친구로 보기보다는 경쟁자로 보았는데, 서로 잘되기를 바라고 나누는 기쁨을 알아가다 보니 학문의 즐거움을 알게 되고 몰입과 열정을 발휘하게 되었다고 한다. 4년을 친구들과 동고동락하는 사이 자신도 모르게 사랑스럽고 부드러운 이미지로 매력 가득한 취업 준비생이 된 것이다.

합격 소식을 전해오는 학생들은 성적이나 스펙순일 것 같지만, 자신이 지닌 부드럽고 카리스마 넘치는 매력이 합격의 이유인 것이었다. 4년 동안 자신의 경험은 얼굴에 나타난다. 행복한 마음으로 자신이 좋아하는 일에 열정을 다하다 보면 자신도 모르게 자신이 원하는 일을 찾게 될 것이다. 학업이나 스펙 쌓기에 연연하다 보면 정말 자신이 하고 싶은 것을 찾지 못할 수 있다.

취업에 첫 번째로 성공한 유정이는 나에게 문자를 했다. 「제가 합격할 수 있었던 것은 진심으로 교수님과 친구들, 부모님의 도움 때문입니다.」 자신의 능력으로 취업에 성공을 한 것임에도 겸손하게 표현하는 것에 놀랐고, 경쟁자인 친구들의 도움이라고 하는 것은 나에게 잔잔한 감동을 주었다.

조벽 교수는 「인성은 실력이다」라는 책에서 인성은 성

격이 아니라 실력이며, 타고나는 것이 아니라 학습으로 익히는 것이며, 일시적인 행위가 아니라 지속되는 습관이라고 하였다. 어른들은 꿈에 도전하기보다는 안정적인 직업을 택하기를 강요하면서 평생직장을 권유하지만, 어렵게 들어간 직장인의 30%가 1년 이내에 스스로 퇴사한다고 하였다.

'무엇이 문제일까?' 대학 4년 동안 다양한 경험으로 자신이 열정을 갖고 몰입할 수 있는 일을 찾아야 하는 것이 우선 아닐까?

궁극적으로 삶의 목표는 성공이 아닌 가치 있고 행복한 삶이다. 자신만의 매력으로 행복한 삶을 위해 순간순간 자신의 인성을 돌아보며 멋지게 조각하기를 바란다.

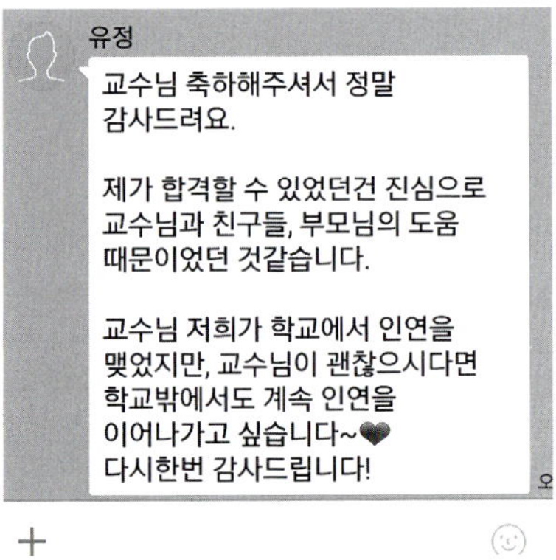

빨간모자와 비밀의 숲

‘유아감성교육’ 시간에 학생들과 함께 유아교육과 축제를 준비하였다.

‘나는 감성이 풍부한 사람인가?’

나를 먼저 돌아보게 된다. 감성은 ‘정서’라고도 하는데, 자신과 타인의 정서를 평가하고 표현할 줄 아는 능력과 효과적으로 조절할 줄 아는 능력 그리고 자신의 삶을 계획하고, 성취하기 위해서 그런 정서를 이용하여 활용할 줄 아는 능력이다. 나의 감성 없이는 강의할 수 없는 과목이라는 생각이 든다.

감성을 돋우어야 하는 수업시간에 유아교육과 축제를 준비하는 과정은 쉽지 않다. 학생들의 봉사와 헌신이 있어야 하며, 학생들 간의 협력이 필요한데 일단 수업시간 외에 모이는 것조차 학생들에게 힘든 일이다. 이 상황에서 나는 학생들의 감성을 향상시킬 수 있을까? 내가 감성을 발휘할 수 있는 것은 딱 한 가지, ‘존중’이었다.

함께 진행한 교수님들과 나는 마음이 하나가 되어 학생들의 의견을 존중하기로 했다. 교수들이 진행하는 학과 행사가 아닌 학생들이 주체가 되도록 했다. ‘빨간모자’ 동화로 교실 전체를 꾸미기로 계획했다. 부스의 이름도 공모전으로 진행하여 최종 ‘빨간모자와 비밀의 숲’으로 결정했다.

처음에는 모둠별 활동에 대한 반대 의견이 많았다. 하지만 조원들의 아이디어가 모여서 확장되고 구체화되면서 기대감과 자신감을 표현했고, 계속 긍정적인 방향으로 조율해나가는 것이 보였다.

자신의 역할이 주어지면서 책임감을 갖고 창의적으로 생각하려고 노력하고, 잘하고자 하는 욕구와 함께 새로운 시도에 흥미까지 더해졌다.

‘늑대 뱃속에 할머니를 숨기고 유아들이 뱃속에 들어가서 할머니를 구해오게 하자는 너무나도 흥미진진한 아이디어!’

훌라후프로 늑대 뱃속을 터널로 만들겠다더니 훌라후프가 굴러가면 안 된다고 서로 머리를 맞대고 궁리한 끝에 대형 냉장고 박스를 생각해냈다. 토요일 아침부터 대리점을 돌며 박스를 구해 온 학생들을 보며 나는 감동을 받았다. 오히려 시작과 달리 협력은 반 전체의 의견을 하나의 그림으로 공유하게 하였고, 서로 소속감을 갖고 배려와 존중을 실천하고 있었다.

학생들은 좋은 생각이 떠오르지 않을 때 나에게 조언

을 구했다. 나는 학생들에게 지적을 하거나 일방적으로 나의 의견을 내기보다는 나 또한 구성원이 되어 의견을 내었더니 일처리가 빠르고 감성 돋는 수업이 되어가는 것 같았다.

밤 11시가 되었는데 교실 구성이 마무리되지 못했다. 나는 학생들을 먼저 집에 보내야 했다. 내가 정리하고 가겠다고 했더니 학생들은 자신들도 남겠다고 서로 다투었다. 겨우 집으로 보내고 몇몇 교구 마무리를 하고 있는데 관리총무님이 나를 부른다.

"교수님! 문 닫을 시간입니다."

"죄송합니다. 문 닫는 줄 몰랐습니다. 빨리 나갈게요."

나는 교구를 싸가지고 나왔다. 내일은 새벽에 경주에 수업을 가야해서 재료가 있는 학교에서 다하고 가려고 했는데 어쩔 수 없었다. 결국 새벽에 KTX를 타고 경주 수업 가서 쉬는 시간에 교구를 마무리를 하였다. 내가 마무리하여 단단하게 만들어 온 교구를 보고 학생들은 감동했다.

교수님의 봉사정신과 학생들을 향한 사랑이 처음에는 신기했지만 후에는 큰 감동을 받았다. 강의를 맡아준 것에 대해 감사하다. 나도 교수님과 같은 감성이 풍부한 선생님이 되고 싶다. 〈소감문〉

나도 한 번쯤 이런 감동을 선물하고 싶었다. 몸으로 실천하는 것이 곧 감성이니까!

학생들은 중간고사 기간에도 약속한 것은 제 시간에 해냈고, 아르바이트로 바쁜 학생들은 밤을 지새우며 자신의 분량을 완성했다. 자신은 잘하는 것이 없다고 생각했던 소극적인 학생도 자신의 새로운 재능을 발견하는 계기가 되었다. 늑대 뱃속에 숨실 발로로프 할머니 인형을 만들면서 자신이 바느질을 그렇게 잘하는 줄 몰랐다는 것이다. 학생들을 배려하고 존중함으로써 학생들과 나는 한마음 한뜻이 되었고, 자율적인 수업분위기는 역동적인 교실을 만들었다.

축제 기간 유아들이 흥미롭게 몰입하는 모습에서 학생들은 함께 즐기고 싶은 마음과 성취감, 희열, 자신감이 생겼다고 하였고, 유아를 만나서 자신들이 만든 교구로 놀이하는 모습은 잊지 못할 소중한 추억이라고 하였다. 유아교육과 이래 최고의 축제였다는 교수님들의 칭찬과 격려, 학교를 방문한 유치원교사들의 칭찬은 학생들에게 큰 힘이 되었다. 학생들은 한 마디 소감에 그동안 힘들었던 모든 것이 녹아내리면서 행복한 기억만 남았다고 하였다.

무엇보다도 유아교육이 적성인가 하는 갈등에서 학생들은 힘을 얻었다고 하였다. 브레인스토밍, 토의식 수업

은 학생들의 흥미와 동기 유발의 토대가 되었고, 교수자로서 나는 구성원이 되어 성장의 기회가 되었다. 지치고 힘들 때 서로 위로하고 격려하며 감성이 저절로 돋았다.

가슴 뛰는 한 학기였다.

나의 감성이 쑥쑥 성장하였다!

금요일 9시 30분

강의 시수가 많아서 보육교사교육원 강의를 못하겠다고 거절해야 했다. 교육원 원장님께는 죄송하지만 지금 아니면 말할 기회가 없을 것 같아서 시간을 내어 교육원에 갔다. 그런데 원장님은 은행 한 봉지를 나에게 주신다. 정성껏 준비한 은행을 받으며 나는 원장님에게 말하지 못하고 결국 무리하게 강의하게 되었다. 내가 처음 강의를 시작할 때 힘을 주었던 애착이 있는 교육원이기 때문에 더욱 그렇다.

원장님의 은행 선물은 매년 계속되었다. 가을이 되어 은행이 익어서 떨어질 때쯤이면 두 손에 비닐장갑을 끼고 냄새 고약한 은행을 주워 빡빡 씻어서 구워 먹으라고 준다. 냄새 나는 은행을 그것도 씻어서 말리기까지 해서 지퍼팩에 냄새 안 나게 포장까지 해준다. 나는 그 사랑과 정성에 하루 5알씩 꼭꼭 먹으며 건강을 챙겼다.

시작이 반이라고 무리하게 시작했는데 벌써 오늘은 이번 학기 종강하는 날이다. 학생들과 한 학기를 회상하며 아쉬운 마음으로 강의실을 나오려는 순간 한 학생이 나

를 불렀다.

"교수님. 손 좀 내밀어 봐요."

학생 손에 한 땀 한 땀 바느질하여 만든 시계가 있었다. 학생은 내 손목에 시계를 채워주었다.

"교수님. 몇 시에요?"

"9시 30분이네요."

"교수님과 매일 만나던 금요일 9시 30분이에요. 이 시간 잊지 말고 꼭 기억해 달라고 어제 밤새워 만들었어요."

주위 학생들은 아침부터 카톡에 올리며 자랑을 했다고 웃고 난리가 났다. 오글거린다는 반응과 정말 잘 만들었다는 칭찬이다. 그때 또 다른 학생이 자신이 쓰고 있던 모자를 벗어주며,

"교수님! 제가 제일 아끼는 모자에요. 교수님만 괜찮으시다면 드리고 싶은데요. 괜찮을까요?"

그밖에 목걸이를 만들어 온 학생, 생강을 직접 갈아서 생강차를 만들어 온 학생, 요즘 보기 드문 손글씨 편지 등등. 나는 감동하여 울컥했다.

나는 학생들의 선물을 쇼핑봉투가 터질 만큼 가득 받아 한 정거장을 걸었다. 학기 초에 강의를 못한다고 말하려고 했던 것이 마음에 걸리면서 학생들에게 미안했다. 미안함과 고마움 등 여러 가지 생각이 교차했다.

사실 여러 가지 처우도 다른 학교에 비해서 열악하지

만 거절하지 않고 계속하기를 잘 했다고 생각했다. 왜냐하면 이런 추억은 돈으로 살 수 없는 것이고, 잊을 수 없는 나만의 소중한 추억이니까.

강의를 하면서 이제까지 내가 경험한 모든 시간은 예비 유아교사들에게 꼭 전하고 싶은 이야기이다. 정말 힘들어서 지치고 포기하고 싶었던 순간에 순수하게 나를 바라보며,

'선생님이 있어서 행복해요.'라는 신호를 보내는 학생을 보면 힘들었던 마음도, 지친 몸도 언제 그랬냐는 듯 녹아내린다. 이런 힘이 오늘의 나를 만든 것 아닐까?

살아가면서 힘들 때
나에게 힘이 되는 시간
금요일 9시 30분이다.

행복의 의미

나는 2013년부터 유아교사들을 대상으로 상담을 시작했다. 그들은 유아교사이자 아동학을 전공하는 학생이다. 유치원교사와 어린이집 원장을 했기에 그들의 이야기에 공감하는 부분이 많다. 대부분의 학생들은 공부하는 것은 보람되지만, 유아교사라는 직업을 계속 이어가야 하는지 갈등을 겪었다.

"주말마다 학교에 와서 공부하는 것은 재미있고 현장에서도 도움이 되니까 좋아요. 그런데 어린이집에 출근하는 것은 심적으로 힘들어요. 아이들은 예쁘고 좋은데 부모들 상대하는 것이 어려워요. 내 잘못도 아닌데 매스컴에서 아동 학대나 급식에 대한 방송이 나오면 그날은 정말 어린이집에 가기가 두렵고 보육교사라는 것이 싫어요. 아이들 데리고 바깥놀이를 나가면 지나가는 사람들이 무시하는 눈빛으로 우리를 보니까요."

어린이집 교사들은 배움의 기쁨과 어린이를 교육하는 데서 행복을 느끼지만, 아동 학대로 비롯된 사회적 인식 때문에 유아교사로서의 자부심과 행복감을 느끼기 어렵다는 것이다.

나는 유아교사들의 이야기를 더 듣고 그들이 느끼는 행복이 무엇인지 의미를 찾고 싶었다. 상담을 할 때마다 유아교사를 계속 해야 하는지 고민하면서도 10년 이상 그 길을 걷고 있기 때문에, 뭔가 그들을 행복하게 하는 요인이 있을 거라고 생각되었다.

늘 나의 연구를 지원해주고 응원해 주는 지인 원장님의 권유로 어린이집을 방문해서 선생님들의 이야기를 들을 수 있었다.

유아교사들은 감사한 마음과 베풂의 마음으로부터 행복감을 느꼈다. 교사들은 감사일기장을 받고 감사한 일을 찾으려는 동기를 보였다. 그동안 감사했던 경험을 떠올리면서 느끼지 못했던 감사한 마음을 가졌다.

바쁜 시간 속에 준비된 '쉼'의 시간에 소소한 일상에서 감사함을 느꼈고, 예전에 지금보다 힘들었던 경험을 회상하며 현재 자신이 행복함을 느꼈다. 자기반 수업자료를 만들면서 옆 반 수업자료도 만들어 주었는데, 아이처럼 좋아하는 옆 반 선생님의 사랑스러운 모습에서 행복감을 찾았다. 타인에게 베푸는 것이 곧 나의 행복임을 알

게 된 것이다.

부모들의 민원과 아이들의 문제행동으로 화가 나지만 자신의 생각과 행동을 긍정적으로 바꿈으로써 행복감을 유지했다. 부모들의 이기심에 속상하지만 교사의 마음을 알아주는 부모들의 격려 한 마디에 행복함을 느꼈다.

부모에게 화가 나지만 부모를 이해하면 그 마음을 부모도 느낀 것인지 교사를 대할 때 긍정적인 행동을 보인다고 했다. 서로의 마음은 통해서 좋은 관계를 만들어 가는 것이다.

상대에게 행하는 배려와 존중 역시 자신을 행복하게 한다고 했다. 상대방에게 속상한 마음을 배려와 존중의 마음으로 이해하였을 때, 교사 자신의 행동도 부드럽게 바뀌면서 상대방의 태도도 긍정적으로 변화된다는 것이다. 상대방의 긍정적인 변화가 없다고 하더라도 교사의 마음이 편하고 다른 사람을 이해함으로써 행복하다면 그것은 교사 자신을 위한 것이었다.

유아교사들은 영유아를 비롯한 교사 자신과 관련된 모든 사회구성원과 더불어 살아가는 공동체의 관계 속에서 느끼지 못하였던 행복감을 일상생활에서 느끼고 있었다. 나는 영유아들과 함께 하는 교사들을 관찰하면서 어려움을 느낄 수 있었다. 하지만 한편으로 교사의 모습에는 보람과 자신의 일에 열정과 몰입을 하며 교사로서 역할을 이어가는 것을 보았다.

계속되는 영유아의 문제행동에 교사의 부정적인 언행이 계속되었지만 영유아의 순수한 모습에 교사는 웃음을 보였다. 유아교사들은 평소에 행복감을 느낀다. 단지 인식하지 못하였을 뿐이다.

일상생활 속 타인의 위로와 격려, 감동스러운 행동, 배려, 동료의 에너지, 낯선 사람의 친절 등 타인과 관계를 통해서 늘 행복감을 느끼고 있었다.

행복해지려는 자발적인 의지와 연습은 행복을 가져오고, 자신의 마음먹기에 따라서 행복의 양은 달라졌다. 누구의 지시가 아닌 능동적으로 행하였을 때 교사는 행복감을 느꼈다. 나에게 부담스러운 일거리가 주어지기 전에 자발적으로 마음을 내어 실천하거나, 스스로 배움을 자청하여 몰입하는 것은 배움에 대한 즐거움과 함께 행복감을 주었다.

사람이면 누구나 행복을 원하고 행복을 이루고자 하며, 행복을 추구한다. 행복은 자신의 생각에 따라 기준이 달라질 수 있듯이 특별하게 정의된 것도 없고 조건도 없다. 그러므로 유아교사 자신의 행복은 본인 마음에 달린 것이고, 자신의 행복만큼 영유아를 비롯하여 모두가 행복한 삶을 살아갈 수 있을 것이다.

이러한 경험으로 나는 유아교사의 행복 의미를 탐색하는 박사논문을 썼고, 인성교육전문가가 되었다.

『교수님께서는 정말 좋으신 분이다.

교수님 수업을 들으면서 정말 많은 것들을 배웠다.

수업내용과 지식뿐만 아니라 사람 됨됨이를 자연스럽게 배운 것 같다. 아동관찰 수업을 통해서 아동관찰뿐만 아니라 나는 내 자신에 대해서 더 생각해 보게 되었다.

학생들에게 관심과 사랑을 주시고 항상 상호작용을 하신다. 또 학생 하나하나 행동이나 표정을 놓치지 않으시고 좋은 말과 사례 등을 많이 해주신다.

교수님과 같은 사람이 되고 싶다.』

수업시간에 학생들에게 간간이 전하는 말과 행동이 사람 됨됨이를 자연스럽게 배우게 하였다니 오히려 내가 고맙고 감사했다.

그런데,

『교수님 본인에 대해 후한 평가를 하는 것은 문제없다고 생각합니다. 하지만 타 교수님들을 깎아내리면서 본인을 높게 평가하는 것이 옳은 것인지 의문이 듭니다.』

강의가 지루하다거나 알아듣지 못하겠다고 하면 차라리 마음이 편했을 것을. 나는 스스로 인성전문가라고 생각했는데 다른 교수님을 깎아내린다는 강의 평가를 받고 충격이었다. 다른 교수님들이 강의평가로 속상해할 때 교수님들을 위로했었는데, 내 자신을 위로하기 힘들었다. 도대체 이 학생이 누구일까? 의문이 들기도 하고, 짐작 가는 일도 떠올려졌다. 억울함과 동시에 왠지 핑계를 대고 변명을 하고 싶었다.

하지만 순간 학생에게 고마운 마음이 들었다. 앞으로 나에게 숙제를 주었으니까. 배울 것이 또 생겼다. 나 스스로를 낮추고 겸손해져야 한다고 다짐했다. 성찰하는 시간으로 나를 돌아보고자 마음먹었다. 진정한 충고를 해준 이 학생에게 고맙고, 감사하다.

내게 돌아볼 수 있는 시간을 주어서…….

두 송이 연꽃

모두 지는데
올라온
두 송이 연꽃
느리게 느리게 올라와서
뒤늦게 예쁨받고
행복하게 웃음짓네

꼭!
빠르다고 좋은 것만은 아닌 듯
오늘도 천천히 천천히

다리를 삐끗해서 발에 금이 갔는데 그것도 모르고 퉁퉁 부어 1주일을 그냥 다녔다. 결국 통 깁스를 하고 경주에 특강을 갔다. 경주투어를 하며 우연히 발견하게 된 두 송이 연꽃.
천천히 다니라고 감당할 수 있는 이런 시간을 주셨나 보다.
늘 그랬듯이 오늘도 천천히 천천히 느리게 느리게 나아간다.

저/자/소/개

유아교사는 나의 길이 아니라고 억지를 부리며 시작했지만, 유아교육과에서 학사, 석사, 박사를 전공하며 25년간 쉼 없이 유아교육 한 길을 걸어왔다. 현재 예비유아교사를 교육하며 대학에 재직 중이다. '유아교사의 인성과 행복'을 주제로 박사학위를 받고, 육아종합지원센터에서 전문상담가로 부모와 교직원 상담을 하며 인성 강의를 병행하고 있다. 그들은 나의 강의를 듣고 힘이 되는 글을 출간해 줄 것을 제안하였고, 마침내 한 권의 책이 되었다. 앞으로 나는 인성조각가로서 나의 인성을 먼저 다듬어가며 모두가 행복한 하나가 되도록 노력할 것이다.

아이들에게 배우는 선생님 그래서 행복한 아이들

초판 1쇄 발생 | 2018년 2월 25일
초판 2쇄 발생 | 2018년 4월 25일
초판 3쇄 발행 | 2018년 12월 25일

저 자 | 박 부 숙
발행인 | 이 중 수
발행처 | **동 문 사**

서울특별시 서대문구 홍제동 137-8
Tel : 02)736-3718(대), 736-3710, 3720
Fax : 02)736-3719
등록번호 : 제9-17호
가격 : 12,000원

ISBN : 978-89-8251-991-8(93370)
E-mail : dong736@naver.com
www.dongmunsa.com